BAFFIN BAY
ATLANTISCHER OZEAN
52°47'36"N
58°22'43"W
NEUFUNDLAND
UND LABRADOR
HUDSON BAY
51°21'14"N
55°32'17"W
48°02'46"N
58°55'05"W
MANITOBA
QUEBEC
ONTARIO
51°49'49"N
99°32'31"W
46°08'01"N
80°25'54"W
VEREINIGTE STAATEN

SEHNSUCHT WILDNIS

Für Monty, Jenny und Yoko.

Alles wiederholt sich, in veränderter Form und ständiger Bewegung.
Und der Rhythmus dieser Unendlichkeit schafft den Raum,
glücklich zu sein.

SEHNSUCHT WILDNIS

ABENTEUER IN KANADA UND ALASKA

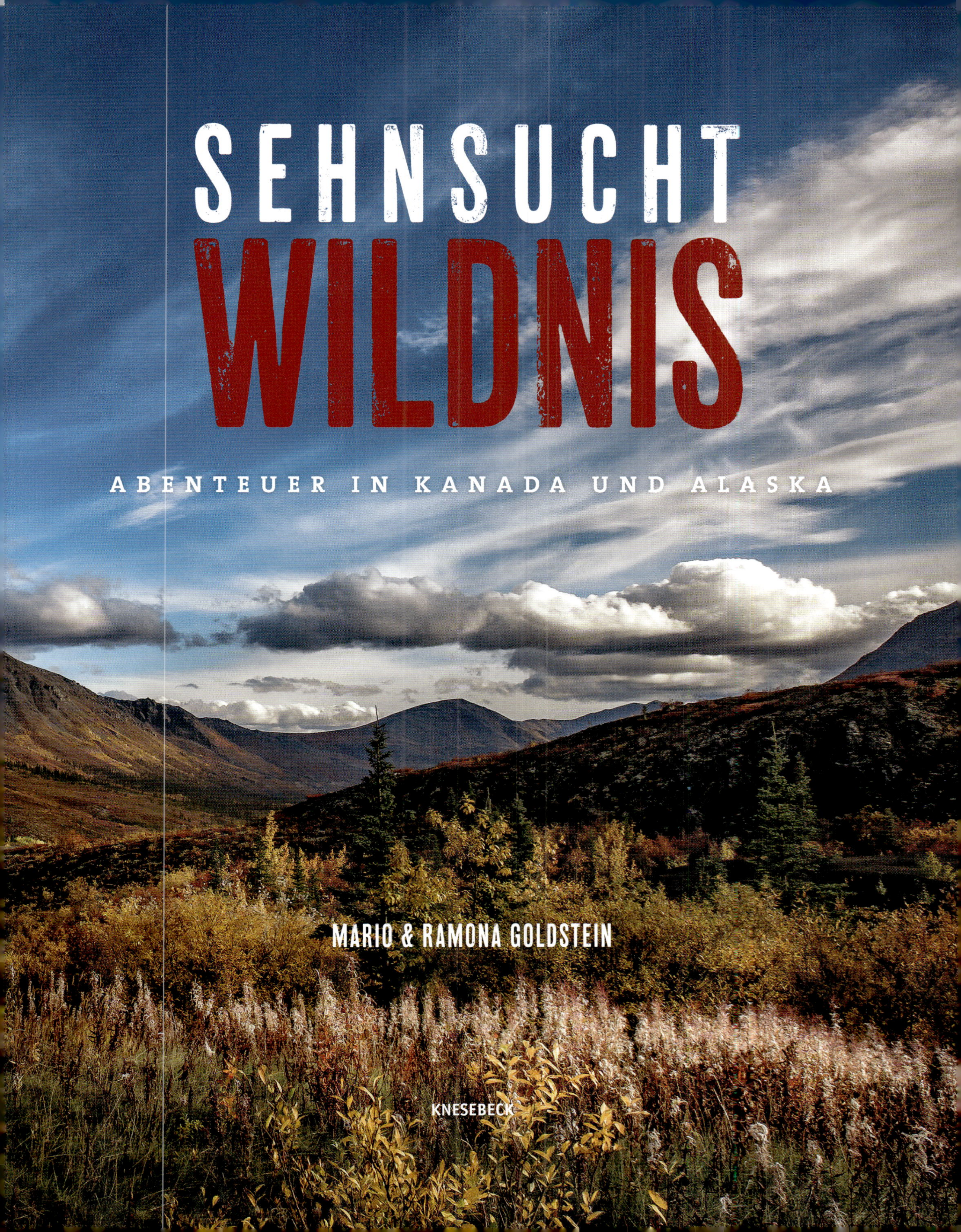

MARIO & RAMONA GOLDSTEIN

KNESEBECK

Die Musik von Driftwood Holly wurde zu einem Teil unseres Abenteuers.
Die CDs finden Sie im Freiträumer-Shop unter www.freitraeumer.de

PROLOG

»Wer es einmal geschafft hat, seine Sehnsucht Vorfreude zu nennen, der kann nie wieder richtig unglücklich sein.«

PETER HOHL

Sehnsucht ... Was ist das eigentlich? Im Wörterbuch steht: ein tiefes Verlangen, ein starker Wunsch. Für mich bedeutet der Begriff viel mehr, ist vielfältiger, vielschichtiger – eine vage Suche, die sich auf die Außenwelt richtet, sich tatsächlich aber im Inneren vollzieht, die den Menschen durchdringt, dabei aber kaum fassbar bleibt. Sehnsucht scheint mir eher die Abwesenheit von etwas, ein ständiger Hohlraum, den zu füllen vielleicht nie vollständig gelingt. Immer noch und immer wieder gilt es, neue Erfahrungen zu sammeln, das nächste Abenteuer, eine weite Reise zu unternehmen. Sehnsucht wurzelt tief und vermag ins Unendliche zu wachsen. Manche wissen darüber, die nächsten aber scheren sich kaum darum. Und doch bin ich mir sicher, so verschieden der Mensch auch ist – eine Sehnsucht wohnt in jedem von uns. Sie ist möglicherweise nicht gleichbedeutend, doch aber untrennbar verbunden mit jener unsichtbaren Macht, die uns Menschen stets aufs Neue zu Veränderungen antreibt. Eine Sehnsucht, die unerwartete Türen aufstößt und uns frohgemut in eine ungewisse Zukunft aufbrechen lässt. Wohl wissend, dass es sich dabei um kein Allgemeingut handeln kann, bedeutet Sehnsucht für mich letztlich auch die ewige Suche nach Wahrheit, zumindest nach meiner ganz eigenen Wahrheit.

Als ich vor etwa 15 Jahren mit meinem Katamaran Goodlife ohne jede Segelerfahrung in See stach, folgte ich noch einer sehr unbestimmten Sehnsucht. Sie wurde überlagert von einem schier unbändigen Freiheitsdrang, dem unbedingten Verlangen nach Abstand und Alleinsein. Es ging mir damals vor allem darum, der unaufhaltsamen Mühle des Alltags zu entfliehen – diesem ermüdenden Perfektionismus eines alles und jeden zermahlenden Hamsterrads, das nur der Macht des Geldes gehorcht. Jahrelang hatte ich blind im Widerspruch zu mir selbst gelebt, als williger Erfüllungsgehilfe dieses mörderischen Systems, welches Glück einzig durch materiellen Besitz verheißt. Als junger Mann glaubte ich fest daran. Jeglichen Bezug zur Natur hatte ich damals schon längst verloren, ohne darauf auch nur einen Pfifferling zu geben. So wusste ich zunächst natürlich nicht, warum ich allmählich aus dem Takt geriet und mein Gleichgewicht verlor. Warum sich trotz der geschäftlichen Erfolge kein Wohlbefinden einstellen wollte, und warum den dicken Scheinen kein ebenso dickes Glück folgte. Vielmehr schien sich alles ins Gegenteil zu wenden, und mein Privatleben wandelte sich in eine

VORHERGEHENDE SEITEN | Indian Summer am Dempster Highway in der Nähe von Dawson City (Seite 2–3).

Der Spätsommer in den Bergen wirft seine langen Schatten voraus. Die endlos scheinenden Straßen sind wie leergefegt zu dieser Zeit (Seite 4–5).

LINKS | Sunny, meine Schäferhündin, hat viel Reiseerfahrung. Sie war an Bord meines Katamarans Goodlife, mit dem ich knapp sieben Jahre über die Meere gesegelt bin, und mit mir beim Dalai Lama in Indien.

UNTEN | Die Begegnung mit dem 14. Dalai Lama war ein Wendepunkt in meinem Leben: Die Lehren des Buddhismus sind mir seitdem ein Wegweiser.

RECHTS | Ramona und ich am Yukon: In den Sommernächten am Fluss verliert man das Gefühl für die Zeit. Die Mitternachtssonne lässt für einige Wochen den Himmel über diesem Fleckchen Erde nicht mehr dunkel werden.

FOLGENDE SEITEN | Das Rauschen der Wasserfälle ist der Soundtrack der Rocky Mountains. Das Schmelzwasser aus den Bergen gibt den Flüssen Kraft. Mühelos schneiden sie durch das harte Felsgestein.

Trümmerwüste. Doch diese unbekannte, nicht ansatzweise greifbare Sehnsucht trieb mich immer wieder voran. Ich begriff, dass sich etwas Grundlegendes ändern musste und dass es nur einen Weg für mich gab: Flucht nach vorn! Raus aus dem trüben Fahrwasser des Alltags und hinein in ein Leben, das ich bis dahin nur in Träumen gelebt hatte, verbunden mit der absoluten Bereitschaft, dem Ungewissen entgegenzutreten. Die Entscheidung brauchte Mut, wirkte aber ungeheuer befreiend. Ich gab mein gewohntes Leben auf, verkaufte sämtlichen Besitz und hängte alles an den sprichwörtlichen Nagel, was mir bis dahin so wichtig im Leben erschienen war. Tabula rasa – bis hin zum letzten (leeren) Tisch. Das war gewiss keine leichte Entscheidung, und in ihrer Konsequenz fiel sie bisweilen bitter aus, nicht zuletzt für die wenigen Menschen, die mir noch nahestanden. Am Ende stand nur noch ein Paar Winterschuhe im Schrank meiner Mutter, das Einzige, was mir noch gehörte und mich mit meinem bisherigen Leben verband. So brach ich zu einer Segelreise auf, die sich über knapp sieben Jahre hinziehen sollte und die mich in 22 unterschiedliche Länder führte. Auf dieser langen Tour reifte in mir die Erkenntnis, dass Glück erst dann vollkommen ist, wenn man es teilt.

Zurück in Deutschland, schickte ich mich an, einen ausrangierten Wasserwerfer der Bereitschaftspolizei Dachau zu einem Friedensmobil umzubauen. Ich sammelte Friedensbotschaften, ging in Kindergärten und Schulen und erklärte allen mein Vorhaben: Ich wollte Länder wie den Iran und Pakistan friedlich durchqueren, um dann im Norden Indiens den Friedensnobelpreisträger und das Oberhaupt der Tibeter, den 14. Dalai Lama, zu treffen. Ohne eine Zusage zu haben, dass wir vorgelassen würden, machte ich mich schließlich mit meinem Bruder René auf den Weg – im Gepäck eintausend Botschaften der Menschen aus Deutschland. Wir erreichten Dharamsala nach einer abenteuerlichen Fahrt drei Monate später, wo uns der Dalai Lama tatsächlich persönlich in seiner Residenz empfing.

PORTRÄT MARIO GOLDSTEIN

Geboren wurde ich 1969 in einer Kleinstadt im Vogtland. Damals lebten dort etwa 12 000 Menschen, und die unüberwindbaren Grenzanlagen, die die ehemalige DDR von der BRD trennten, lagen nur wenige Kilometer entfernt. Bereits als Schulkind zog es mich hinaus aus der DDR. Der erste Fluchtversuch, den ich als Teenager unternahm, wurde mit zweieinhalb Monaten Gefängnis bestraft – die Weihnachtsfeiertage verbrachte ich damals in Untersuchungshaft. Aus der bis dato unbeschwerten Kindheit gerissen, wurde mir klar – angekettet an ein Eisenbett im Keller der Untersuchungshaftanstalt Plauen –, dass Freiheit zwar im Kopf beginnt, dass es aber sehr viel mehr als nur einen Traum braucht, um letztendlich wirklich frei zu sein. Verängstigt und zugleich mit einer ganz neuen Art der Vorsicht ausgestattet, wurde ich zurück in den Schoß der Deutschen Demokratischen Republik entlassen. Man schrieb den 18. Januar des Jahres 1985. Drei Jahre später versuchte ich es erneut und kam dieses Mal bis zur Grenze zwischen der Tschechoslowakei und Österreich. Als ich vor dem letzten Zaun der Grenzanlagen im Kontrollstreifen lag und das Hecheln des Schäferhundes an mein Ohr drang, war mir klar, dass ich nun unwiderruflich als Gegner des Systems galt und mit allen Konsequenzen zu rechnen hatte. Sechs Monate später setzte man mich schließlich in einen Zug gen Westen.

Persönliche Freiheit und materieller Besitz schienen mir damals zusammenzuhängen. Mein erklärtes Ziel war, Millionär zu werden. Dem Irrglauben erlegen, dass man mit Geld alles kaufen könne, gründete ich insgesamt fünf Firmen innerhalb von zwei Jahren und verschrieb mein Leben ganz dem Dogma des kapitalistischen Wachstums. Doch die daraus resultierende 80-Stunden-Woche ließ zuerst meine junge Familie auseinanderbrechen und kappte zusehends auch alle freundschaftlichen Bande. Spätestens nach der ersten Pleite erkannte ich, dass Geld kein zuverlässiger Begleiter ist. In einem einzigen Befreiungsschlag vollzog ich die totale Kehrtwendung und verkaufte alles, was ich besaß. Ich begab mich auf eine sieben Jahre dauernde Segelreise, sprach anschließend zusammen mit meinem Bruder beim Dalai Lama in Indien vor und unternahm diverse weitere Reisen.

Obwohl ich auch seitdem in vielen Teilen der Erde unterwegs war, hat all das Reisen meine Sehnsucht nach Natur und Abenteuer nicht gestillt. Sie zieht mich immer wieder hinaus. Doch dieses Mal nicht alleine: Ich fahre gemeinsam mit meiner Frau Ramona. Es ist die pure Wildnis, die uns lockt, die unendliche Weite Kanadas, es sind die Tiere, die in dieser Umgebung frei leben, und ganz besonders auch die Menschen, die mit diesem ungezähmten Stück Erde zurechtkommen; Menschen, die dort auf ihre Weise glücklich sind. Am 22. Mai 2013 sagen wir unserer Heimatstadt Plauen Lebewohl und fahren los. Der erste Schritt ist getan. Steht tatsächlich immer noch meine alte Sehnsucht an der Wurzel dieses neuen Aufbruchs? Oder eine ganz andere, die uns beide gemeinsam antreibt? Schwer zu sagen, nur wie sie heißt, liegt auf der Hand: Sehnsucht Wildnis.

PER ANHALTER DURCH DIE GALAXIS

»Selbst in einem Raum voller Menschen kann man sich einsam fühlen.«

RAY

Unsere eigentliche Reise beginnt an einem durchwachsenen Tag, der Frühling ist schon fast zu Ende, im äußersten Osten Kanadas. Da wir mehrere Monate im Norden des amerikanischen Kontinents verbringen wollen, haben wir unser Expeditionsmobil von Hamburg nach Halifax verschifft. Es ist ein 17 Tonnen schwerer Mercedes-Lkw mit Allradantrieb, Baujahr 1990, den ich 2011 für meine Reise nach Indien zum Dalai Lama hatte umbauen lassen. Wir nennen den Koloss immer noch »Wasserwerfer«, obwohl er längst keiner mehr ist und als Überbringer von tausend Friedensbotschaften gewissermaßen karmisch gereinigt sein dürfte. Aber ursprünglich wurde das Fahrzeug eben unter der Bezeichnung »WAWE 9000« von der Bereitschaftspolizei Dachau als Wasserwerfer zur Auflösung von Demonstrationen genutzt – ich weiß nicht, ob und wie oft –, nach 20 Dienstjahren jedenfalls wurde der robuste Truck ausgemustert und landete nach einer Auktion über einige Umwege in meinen Händen. Für unser jetziges Vorhaben ist das geländegängige Wohnmobil in jeder Hinsicht die beste Wahl. Ein Trip durch Kanada! Es ist Ramonas erste große Reise überhaupt. Ich weiß um meine Verantwortung und bin neugierig auf das, was wir in den kommenden Monaten erleben werden.

LINKS | Neufundland scheint nur aus Wald zu bestehen, aus unzähligen Grüntönen, die sich wie ein Teppich über den Horizont legen. Der Anhalter, der plötzlich am Straßenrand auftaucht, wirkt da fast surreal, ein einsamer Fußgänger mitten im Nirgendwo.

UNTEN | Selbstversorger essen nicht unbedingt schlecht – Ramona hat in der Wildnis das beste Brot gebacken, das ich je gegessen habe.

PORTRÄT RAMONA GOLDSTEIN

Schon seit je habe ich ein großes Herz für Tiere und die Menschen in meiner Umgebung, die auf Hilfe und Unterstützung angewiesen sind. Waren es in den Kindheitstagen noch kranke Vögel oder Mäuse, die ich wieder gesundpflegte, so kümmere ich mich heute, so gut ich kann, um Alte und Schwerstbehinderte.

Ich wurde 1982 als älteste Tochter der Familie Körner in Oelsnitz im Vogtland geboren. Meine Kindheit verlebte ich in der ländlichen Provinz und streifte jeden Tag nach Herzenslust durch Wälder und Wiesen. Besonders glücklich war ich damals, wenn ich meinen Vater ein Stück auf dem Lkw begleiten durfte. Da ging es dann schon beizeiten los, und es war einfach herrlich, in den Tag hinein zu fahren und etwas von der Welt zu sehen. Bis heute vergeude ich meine Zeit nicht gerne mit Sorgen und Ängsten, sondern gehe relativ unbekümmert durchs Leben.

Zunächst schienen sich meine kreative Ader und mein zeichnerisches Talent zur beruflichen Laufbahn zu entwickeln: Ich machte in Plauen eine Ausbildung zur

RECHTS | Ein kaputtes Radio und die Aussicht auf mehrere Wochen Dreckstraße verleiten mich dazu, mich an der Elektrik unseres Gefährtes zu versuchen. Das Resultat: die Aufhängung des Fahrerhauses verbogen (es lässt sich fortan nicht mehr ankippen) und das Radio weiterhin stumm.

UNTEN | Ein kurzer Stopp auf halber Strecke durch Labradors Wildnis. Nur langsam geht es über holprige Straßen durch die monotone Nadelwaldlandschaft weiter.

gestaltungstechnischen Assistentin. Bald aber zeigte sich, dass Kreativität auf Knopfdruck mir schwerfiel. Stattdessen entschloss ich mich, eine recht ungewöhnliche Laufbahn einzuschlagen, und bewarb mich bei Unternehmen im Bestattungswesen. Dort allerdings beschied man mir, dass ich den physischen Anforderungen dieses Berufszweigs kaum gewachsen sei. Eine Alternative war bald gefunden: Ich nahm eine Ausbildung zur examinierten Alten- und Krankenpflegerin in Angriff. Kaum hatte ich den Abschluss in der Tasche, wechselte ich in die Intensivpflege, eine Arbeit, der ich bis heute nachgehe, mit viel Leidenschaft und großem Einsatz.

Meinen Mann lernte ich eher zufällig vor vielen Jahren über Freunde kennen. Verliebt haben wir uns aber erst vier Jahre später, als eines Tages das Telefon klingelte und Mario am Hörer war – aktuell auf den staubigen Straßen Pakistans unterwegs. Wir verliebten uns noch während des Gesprächs.

Die Formalitäten in Halifax sind schnell erledigt. Über das Hafengelände weht eine steife Brise vom Meer, also genau in unsere Richtung. Ich deute das als gutes Omen. Regen ist laut Wetterbericht in den kommenden Tagen nicht zu erwarten, und es gibt nichts, weswegen wir länger hier verweilen sollten. Neugierig und leicht euphorisch schwingen wir uns auf die Sitze und rollen los in Richtung Norden. Zu dritt, denn unsere weiße Schäferhündin ist natürlich mit von der Partie. Die erste Etappe ist relativ kurz: Schon im etwa 400 Kilometer entfernten Sydney wollen wir mit der Fähre nach Neufundland übersetzen, dem ersten Ziel unserer Reise. Wir sind kurzfristig der Empfehlung von Driftwood Holly gefolgt. Er ist ein Aussteiger aus Deutschland, der mit seiner Familie seit 15 Jahren in Dawson City am Yukon lebt. Ein Freund hatte mir diesen Kontakt vermittelt. Sollten wir es je bis Dawson City schaffen, dann werden wir sicher Holly und seiner Familie einen Besuch abstatten. Doch bis zur anderen Seite Kanadas ist es noch ein weiter Weg. Tausende Kilometer liegen vor uns. Ich habe im Moment wirklich keine Ahnung, wie diese Reise verlaufen und wo sie enden wird.

Etwa zehn Stunden dauert die Überfahrt nach Neufundland. Die Insel liegt direkt im Atlantik und ist flächenmäßig etwa so groß wie Bayern und Baden-Württemberg zusammen. Wer als *Newfie* geboren wird, hat viel Platz: Nur knapp eine halbe Million Menschen lebt auf einer Fläche von über 100 000 Quadratkilome-

tern. Als die Fähre endlich den Hafen von Port aux Basques ansteuert, verläuft unser Start ins wilde Abenteuer alles andere als spektakulär. Der Himmel präsentiert sich in endlos grau-trüber Kühle und wetteifert mit den ebenso endlos scheinenden Nadelwäldern Neufundlands um den Wanderpokal des größten Langweilers an diesem Vormittag im Juni. Wir sind offenbar die einzigen Lebewesen, die sich eine solche Tristesse als Reisekulisse auserkoren haben. Die Straßen, die sich oft Hunderte Kilometer zwischen zwei Ortschaften hinziehen, sind wie leergefegt. Einzig die Verkehrsbehörden haben ein Einsehen mit uns und die Straßenränder mit übergroßen, leuchtgelben Warnschildern dekoriert: »Watch the Moose!« Die sich ungestört vermehrenden Elche gelten mittlerweile als Landplage und Unfallgefahr Nummer eins. Doch keiner der Giganten will uns die Ehre erweisen, wenigstens einmal vom Waldrand herüberzugrüßen, so intensiv ich auch die Gegend nach den eindrucksvollen Wesen absuche. Nur der Wasserwerfer lässt sich davon nicht beirren und brummt souverän, ganz offensichtlich froh darüber, endlich aus dem Winterschlaf erwacht zu sein. Während wir uns allmählich in das Unvermeidliche und für einen an europäische Straßenverhältnisse gewöhnten Fahrer kaum Fassbare fügen und ganz ohne Elch oder Mitverkehr gen St. John's cruisen, taucht plötzlich inmitten dieser tier- und menschenleeren Gegend ein schwer bepackter Tramper auf. Mit sicherem Schritt marschiert der Mann entlang der Straße und lässt keinen Zweifel daran, in dieselbe Richtung wie wir

VORHERGEHENDE SEITEN | Die Natur kreiert immer wieder magische Momente: Wolken und Sonne zaubern fantastische Wechselspiele aus Licht und Schatten auf die Berge und hin und wieder kurz auch bunte Lichtbrücken.

OBEN | Tagelang keine Elche weit und breit, obwohl diese in Neufundland als Landplage Nummer eins gelten. Diesem Exemplar begegnen wir erst mit Unterstützung eines Einheimischen.

RECHTS | Andere Länder, andere Schilder. In Neufundland zählen Elche zu den Verkehrshindernissen, und Zivilisation und Natur kollidieren auf ganz eigene, oft tragische Weise.

unterwegs zu sein. Nun nehme ich prinzipiell keine Tramper mit und ziehe deshalb auch in gewohnter Manier an dem Kerl vorbei. Gleichen Moments meldet sich mein schlechtes Gewissen und verbündet sich mit Ramona, die mich vorwurfsvoll von der Seite anschaut und fragt: »Warum hast du den Mann nicht mitgenommen?« Es dauert nur einen Augenblick, und die Bewusstheit der Weite des Landes und der Kälte, das Auftauchen dieses einsamen Trampers im Nirgendwo und nicht zuletzt Ramonas völlig berechtigte Frage manifestieren sich in einer folgerichtigen Handlung:

Ich wende den Wasserwerfer, um den wandernden Unbekannten einzusammeln. Währenddessen taucht der junge Mann mit seiner großen Baseballkappe schon wieder am Straßenrand auf, und Ramona schaut zufrieden aus dem Fenster. So kommt es, dass ich nach 45 Lebensjahren, von denen ich selbst nicht wenige auf Reisen verbracht habe, zum ersten Mal einen Anhalter mitnehme.

LOGBUCH MARIO 1

04.06.2013 | LANDSTRASSE NACH ST. JOHN'S | 48°02'46"N 58°55'05"W

Noch nie habe ich gerne Anhalter mitgenommen. Was heißt gerne? Ich habe noch nie einen Anhalter mitgenommen. Aber warum eigentlich nicht? Ich fühle mich in der ganzen Welt zu Hause. Da möchte man doch meinen, dass ich jegliche Menschenscheu verloren hätte … In gewisser Weise stimmt das auch. Und doch ist es

vielleicht gerade diese Erfahrung, die mich immer vorsichtig bleiben lässt. Im Auto bin ich nun mal lieber allein, höre meine Musik und hänge den Gedanken nach. Dabei überkommt mich ein Gefühl von Freiheit. Ich bewege mich durch die Welt, ohne wirklich greifbar zu sein. Ich bin einfach nur bei mir und meinen Gedanken. Deshalb hat Autofahren für mich auch immer etwas Meditatives. Ein Tramper würde diese Stille brechen. Da wird dann womöglich viel erzählt, und ich müsste mich plötzlich auf jemanden einlassen, über Gesprächsfetzen nachdenken, mich konzentrieren, einfühlsam sein. Und irgendwie stört mich das beim Fahren. Natürlich kommt auch das Risiko hinzu, überfallen zu werden, aber diese Angst spielt für mich nur eine untergeordnete Rolle. Es ist seltsam. Es ist egoistisch, keine Frage. Denn obwohl mich jedes Mal ein schlechtes Gewissen überkommt, habe ich meine Gewohnheiten in dieser Hinsicht noch nie ändern können und bislang jeden Anhalter stehenlassen.

Als wir den Tramper erreichen, stellt er sich als Ray vor. Ray macht einen sehr ruhigen, souveränen Eindruck auf mich. Er wirkt sympathisch, obwohl sein Mund voller schlechter Zähne ist und man ihm nicht nur ansieht, dass er schon lange unterwegs ist. Zudem ist er abgemagert und schwer bepackt. Er kommt aus der Nähe von Vancouver und hat schon 6000 Kilometer Weg in den Knochen stecken, wie er fröhlich erzählt, immer in Richtung Osten auf den

Landstraßen Kanadas – und das seit drei Monaten. Er baut jeden Tag sein Zelt irgendwo unweit der Straße auf, kriecht abends bei Wind, Regen und Kälte in seinen Schlafsack, zusammen mit Daisy. Daisy hockt auf Rays Rucksack. »Ja, Daisy ist ein Schoßhund«, lacht Ray und entblößt sein Gebiss, das eher einem Steinbruch ähnelt. »Sie gehört eigentlich meiner Schwester. Aber seit sie eine neue Arbeitsstelle gefunden hat, hat sie keine Zeit mehr, sich um Daisy zu kümmern.« Also habe sich Ray entschlossen, die kleine weiße Hundedame eben mit auf seine Reise zu nehmen, die meiste Zeit als zusätzliches Gepäck auf seinem Rucksack, den er vor der Brust trägt. »Sie hält halt nicht viel davon, lange und weit zu laufen, ein Schoßhund eben.«

Wieder lacht Ray, lässt Daisy auf den Boden springen und dreht sich eine Zigarette. Er könnte ein Armeeveteran sein, denke ich, wie er so vor mir steht. Die Army-Hose mindestens eine Nummer zu groß, die Jacke speckig, das ausladende Basecap – wie ein Veteran, der schon sehr lange unterwegs ist. Aber einer, dem Strapazen nichts ausmachen. Auf seinem Rücken schultert er einen weiteren stattlichen Rucksack. Ich schätze, dass der locker seine 20 Kilogramm auf die Waage bringt. Aber Ray macht keine Anstalten, sich des Gewichts zu entledigen, obwohl wir nun schon eine Weile am Straßenrand stehen und uns kennenlernen. Lieber raucht er erst mal seine Zigarette und erzählt mir von seinem Leben.

»Ach weißt du, nein, vor Bären habe ich keine Angst. Die halten sich lieber in den dichten Wäldern im Hinterland auf. Sie mögen die lauten Straßen nicht, also baue ich dort mein Zelt auf. So ist es ganz einfach. Du zeltest einfach dort, wo die Bären nicht gerne sind.« Für einen Augenblick möchte ich diese Weisheit fast glauben, so selbstsicher, wie mir Ray sein Insiderwissen über wilde Tiere mitteilt. Immerhin gibt ihm der Erfolg recht. Es gab noch keinen einzigen Zwischenfall mit Bären. Bevor ich mehr darüber nachsinnen kann, plaudert Ray schon munter weiter. »Na ja, mein Roadtrip soll für dieses Jahr in St. John's enden. Dann hab ich Kanada einmal von West nach Ost durchquert. Ich mag das wirklich, so unterwegs zu sein, so langsam. Am liebsten zu Fuß und ohne Stress. Aber es ist natürlich trotzdem cool, dass du mich mitnimmst. Ob ich die ganze Strecke auch wieder zurücktrampe, weiß ich jetzt aber noch nicht, echt nicht. Ich denke nicht gerne so weit voraus.« Die nächsten 200 Kilometer sitzen Ray und Daisy bei uns im Fahrer-

LINKS OBEN | Der Anhalter stellt sich als Ray vor – noch bin ich mir unsicher, ob er der erste Tramper sein wird, den ich in meinem Leben mitnehme.

LINKS UNTEN | Aber meine innere Abneigung gegen Anhalter hat bei Ray keine Chance – und die Begegnung mit ihm bedeutet für uns auch den Beginn von etwas Neuem.

UNTEN | Obwohl Daisy bereits 6000 Kilometer mit Ray durch Kanada gereist ist, scheint ihr die Rolle des Schoßhündchens noch immer am besten zu gefallen.

RECHTS | Am östlichsten Punkt Neufundlands peitscht die Brandung des Atlantik gegen die schroffe Felsenküste. Der Wind pfeifft über die Klippen und während unser Blick noch einmal gen Osten schweift, spüren wir, dass unser Abenteuer Wildnis gerade erst begonnen hat.

haus. An den Geruch werden wir uns wohl gewöhnen müssen. Die letzte Dusche ist garantiert schon etliche Tage her, aber, so scheint es, so darf das Leben auf der Straße eben auch sein: einfach und entbehrungsreich, ohne den Komfort unserer modernen Zivilisation. Ganz leise schleichen sich bei mir noch ein letztes Mal Zweifel darüber ein, dass ich überhaupt einen Tramper mitgenommen habe. Doch Ray wischt sie genauso leise wieder weg: Als ich einen Seitenblick auf ihn werfe, hat er Daisy auf seinem Schoß und krault sie mit einer bemerkenswert hingebungsvollen Ausdauer – Daisy schließt die Augen, genießt und schweigt. Dieser Anblick versöhnt mich endgültig mit dem Bruch meiner ohnehin fragwürdigen Gewohnheit. Ich selbst habe ja auch meinen Hund dabei, und Menschen, die Hunde mögen, sind mir prinzipiell sympathisch. Noch während wir durch die eintönige Landschaft Neufundlands brausen, wird mir bewusst, wie gemütlich Ray unterwegs und wie glücklich er damit ist. Als Wanderer schafft er nur einen Bruchteil der Strecke, die wir an einem Tag mit dem Wasserwerfer zurücklegen, selbst wenn er mal ein Stück mitgenommen wird. Ist das die Entdeckung der Langsamkeit? Für Ray auf jeden Fall. Es gibt für ihn nichts Besseres, als zu Fuß durch die Welt zu ziehen. Eins zu sein mit der Natur, dann und wann andere Menschen kennenzulernen – und überhaupt sehr wenig zum Leben zu brauchen.

LOGBUCH RAMONA 1

04.06.2013 | LANDSTRASSE NACH ST. JOHN'S | 48°02'46"N 58°55'05"W

Der arme Kerl am Straßenrand! Läuft durch eine riesige, menschenleere Gegend, und dann kommt endlich mal ein Auto vorbei – und fährt einfach weiter. Ich bin sehr froh, dass Mario wieder umgedreht und Ray dann doch mitgenommen hat. Für mich wäre das selbstverständlich. Ich würde immer einen Tramper mitnehmen, gar keine Frage. Ray ist ein feiner Kerl, und wir haben eine gute Tat vollbracht.

Nach 200 Kilometern erreichen wir endlich einen der wenigen Rastplätze. Ich lade Ray noch zum Essen ein, und obwohl ich ihm gerne eine Tüte mit Wegzehrung vollgepackt hätte, begnügt er sich mit einem Bagel und einer mittleren Tasse Kaffee. »Hey danke, mehr brauche ich nicht, Mann. Ich denke immer nur an morgen, weißt du. Wo ich vielleicht sein werde, und was es zu essen geben wird. Weiter denke ich nicht. Wozu auch?« Er erklärt uns, dass er sich keine Sorgen über die nächste Woche oder den kommenden Monat macht, sondern einfach alles so nimmt, wie es eben kommt. »Das macht mein Leben viel einfacher.« Sagt's und schiebt Daisy ein Stück Bagel mit Käse in die Schnauze.

Ray nötigt mir großen Respekt ab, denn ich könnte das vermutlich nicht – jede Nacht in einem Zelt schlafen, allein im Wald. Zu groß ist meine Angst vor Bären und der mir unbekannten Tierwelt. Aber vielleicht ist das auch genau die Grenze, die ich überschreiten müsste, um tatsächlich in die Wildnis einzutauchen. Und was ist mit der Einsamkeit? Auch Ray fühlt sich gelegentlich einsam, gibt er zu. »Man kann sich aber selbst in einem Raum voller Menschen sehr einsam fühlen«, setzt er weise nach und schaut mich mit seinen großen braunen Augen an.

Wie recht er hat. Dann lacht er plötzlich wieder sein grundehrliches Lachen und gibt mir noch einen guten Ratschlag mit auf den Weg: »Mach das Leben nicht so kompliziert! Schau mich an: kein Chef, kein Wecker, kein Zeitdruck, keine Eile. Das ist mein Leben – weil ich das so mag.« Als unsere flüchtige Bekanntschaft wieder leichten Fußes auf der Straße verschwindet, haben wir auf einmal das Gefühl, auf dem richtigen Weg zu sein.

DIE GIGANTEN VON NEUFUNDLAND

»Du musst am Ende nichts weiter tun, als das Leben zu genießen, wie es eben ist.«

CECIL STOCKLEY

Etwa zwei Tage, nachdem wir Ray und Daisy Lebewohl gesagt haben, stehen wir auf Cape Spear im äußersten Osten der Insel. Der graue Atlantik bläst uns hier eine kalte, steife Brise um die Nase, schwere Brecher mit weißen Schaumkronen donnern gegen den schroffen Felsen. The Rock macht seinem Namen alle Ehre. Seit Jahrtausenden trotzt diese unwirtliche Küste den Gewalten des Ozeans, nicht selten fegen ausgewachsene Orkane mit Geschwindigkeiten um 150 Kilometer pro Stunde über die Insel. Es ist ein raues Land, und seine Winter sind lang, dunkel und kalt, und dass wir hier an seinem östlichsten Punkt stehen, hat nur einen Grund: Cape Spear soll den symbolischen Anfang unserer Reise durch Nordamerika markieren. Hier wollen wir unseren Trip offiziell beginnen, jenen Ritt in die Wildnis, der – wie sich bald herausstellt – unser Leben verändern wird.

Unser erstes Ziel ist die neufundländische Nordküste. Wir haben beschlossen, nach jenen Giganten Ausschau zu halten, die bereits 1912 die stolze Titanic auf ihrer Jungfernfahrt in die Knie zwangen: Eisberge! Geografisch gesehen haben wir gute Karten. Die Nordküste Neufundlands befindet sich quasi direkt in der »Einflugschneise« der Eisberge und bietet zwei exzellente Beobachtungspunkte. Aus Grönland kommend, von einer starken Strömung nach Süden getragen, schieben sich die riesigen Blöcke entweder in die große Bucht vor Twillingate oder treiben an der Nordspitze bei St. Anthony vorbei. Irgendwann später bleiben sie vor der Küste hängen und beginnen langsam abzuschmelzen. Jahreszeitlich betrachtet sind wir jedoch etwas früh dran. Die Saison beginnt erst im späten Frühjahr, läuft also gerade erst an. Wir wollen es dennoch versuchen.

Zunächst fahren wir also nach Twillingate, einem kleinen, im Fels kauernden 2000-Seelen-Städtchen, das sich über zwei benachbarte Inseln erstreckt. Hier mündet der Exploits River, der längste Fluss Neufundlands, in die Notre Dame Bay, einen natürlichen Hafen, den schon die am Flussufer lebenden Ureinwohner für ihre saisonalen Fischzüge nutzten. In Twillingate wenden wir uns direkt an die höchste Instanz, den »Iceberg Man«. Unter dieser Bezeichnung ist Cecil Stockley längst auf dem ganzen Kontinent bekannt, von der *Los Angeles Times* bis zu CNN International greifen die

LINKS | Fröhlich bunte Häuser schmiegen sich an die Bucht von Twillingate, einem kleinen Fischerdorf an Neufundlands Nordküste, und verleihen dem Ort einen ganz besonderen Charme. Erste Farbtupfer kündigen den Frühsommer an und lassen erahnen, dass es auch hier Pflanzen gibt, die sich beharrlich durch den steinigen und kargen Boden kämpfen.

UNTEN | Dieses Foto entstand im Ocean Sciences Center in Logy Bay, das sich mit Meeresbiologie beschäftigt und auch für Besucher geöffnet ist. Der Robbenfang ist nach wie vor ein schwieriges Thema.

OBEN | Im Juni ist die Bucht von Twillingate noch frei von Eisbergen. In wenigen Wochen werden die weißen Riesen zu einem Naturschauspiel auflaufen und wieder scharenweise Reisende und Fotografen anziehen.

RECHTS | Bei Flaute erkunden wir mit Cecil und seinem Bruder Bert, die mit dem Eisberg-Tourismus ihr Geld machen, die Buchten rund um Twillingate. Zu dieser Zeit sind wir die Einzigen an Bord. Offensichtlich in Harmonie mit sich und der Welt genießt Bert den lauen Sommertag.

Medien auf sein Wissen und seine Erfahrung zurück. Tatsächlich kennt Cecil die weißen Riesen wie seine eigene Westentasche. Seit über 30 Jahren fährt der einstige Sportlehrer, der sogar mal eine Amtszeit lang das Bürgermeisteramt innehatte, hinaus aufs Meer. Und die Faszination der schwimmenden Berge, die dort majestätisch ihre Bahn ziehen, hat ihn seither nicht mehr losgelassen. »Es ist ihre Schönheit«, beginnt er zu schwärmen. Cecil hockt auf einer kleinen Holzbank an seinem Bootsschuppen, blinzelt in die Sonne und verliert sich mit seinem Blick irgendwo am Horizont hinter den sich sanft kräuselnden Wellen. »Es sind die Formen und ihr romantischer Anblick, die sie so vollkommen machen«, sagt er, und dass er bei Eisbergen immer wieder über neue ästhetische Wunder staunen könne. Die Konzentration der blauen Farbe, die sich im Eisberg finden kann, aber auch das weiße Eis, das Luft enthält, sind aus seiner Sicht wunderschön: »Es gibt nichts, aber auch gar nichts, was an ihnen nicht schön ist.« Schon über 3000 Eisberge habe er gesehen, und er liebe jeden einzelnen von ihnen, so Cecil weiter. Man will es ihm ohne jeden Zweifel glauben. Dann lächelt er breit und schiebt sein Basecap zurecht. »Ihr wollt einen Eisberg sehen?« Er schüttelt den Kopf. »Dafür ist es noch zu früh. Wir werden heute keinen zu Gesicht bekommen.« Doch wir bestehen darauf, zumindest die Insel vom Meer aus zu betrachten, und so schickt sich Cecil an, das Boot klarzumachen. Schon 1985 legte Cecil Stockley mit seiner Twillingate Island Boat Tours Ltd. und dem Iceberg Shop die Grundlage seines heuti-

gen Rufs. Er war zugleich der erste Unternehmer in der aufstrebenden neufundländischen Tourismusbranche, der sich auf Eisberge spezialisierte. Ungefähr seit der Jahrtausendwende ist sein älterer Bruder Bert mit von der Partie. »Wir sind hier ganz in der Nähe aufgewachsen, gleich dort oben«, sagt Bert und deutet auf den Hügel hinter dem Iceberg Shop. »Früher, vor vielleicht 50 oder 60 Jahren, hatten wir hier immer jede Menge Eis. Da gab es um diese Jahreszeit so viele Eisberge in der Bucht, dass man Slalom um sie herumfahren musste, um hinaus aufs Meer zu gelangen.« Nur habe sich damals kein Mensch für die weißblauen Riesen interessiert. Allenfalls die Kinder – doch denen war es streng verboten, auf den Eisbergen zu spielen, erinnert sich Bert. Nur der jüngste der Stockley-Sprösslinge habe sich dem einmal widersetzt und sei auf einen Eisberg geklettert. »Als Vater mit ihm fertig war, ist so etwas nie wieder passiert.« Die Strenge gründete freilich auf Sorge. Eisberge können sich binnen Sekunden und ganz plötzlich ohne jede Vorwarnung drehen. Dabei setzen sie enorme Energie frei. Tonnen von Eis schlagen aufs Wasser, es entstehen kräftige Wellen.

Bert Stockley reibt sich das stoppelige Kinn. »Vater war ein einfacher Arbeiter«, lässt er seinen Erinnerungen freien Lauf. »Er arbeitete dort, wo er gebraucht wurde. Für 35 Cent die Stunde. 21 Dollar die Woche. Hartes Leben. Im November ging er von zu Hause fort in die Wälder, um Holz zu schlagen. Zurück kam er meist erst im Februar oder März. Einmal hatten wir den Weihnachtsbaum bis zum

155048
125784
Brothers

14. Februar stehen, damit er ihn noch sehen konnte.« Der Alltag der Stockleys ähnelt dem vieler Neufundländer jener Zeit. Als einziger Versorger der Familie sah der Vater Frau und Kinder oft nur wenige Tage im Jahr. Kaum war eine Arbeit abgeschlossen, musste er bereits wieder aufbrechen, um woanders Geld zu verdienen. Heuerte auf Fischerbooten an, verdingte sich als Bauarbeiter, tingelte als Maler durchs Land. In ganz Neufundland sei er unterwegs gewesen und manchmal bis hinüber nach Labrador gereist, um ein paar spärliche Dollar zu machen. »Es waren harte Zeiten, für viele Familien«, wiederholt Bert nachdenklich. »Die Fischer fuhren damals nur mit kleinen Booten raus, es gab nicht viel zu verdienen auf der Insel.« Das änderte sich erst Anfang der 1950er-Jahre, als die Fischfabrik eröffnet wurde. Damals kam auf einmal Geld nach Twillingate. Auch die Stockleys profitierten von dem Wandel, denn plötzlich wurde deutlich mehr als nur ein Einkommen pro Familie erzielt. Vor allem die Frauen und die Kinder, aber auch viele Männer zogen nun täglich in die Fabrikhallen, um dort Fisch zu verarbeiten. Der Lebensstandard stieg beachtlich.

Heute hat sich das Bild in Twillingate wie auf ganz Neufundland längst erneut gewandelt. Im Hafen liegen Fischerboote, die eine halbe Million Dollar pro Stück kosten. Auf den Fanglisten stehen Krabben und Shrimps. Der Codfish hingegen, bei uns bekannt als Kabeljau, der einst in riesigen Schwärmen den Grundstein für neufundländischen Reichtum legte, ist ebenso verschwunden wie der Heilbutt. Zwar wurde der gnadenlosen Überfischung – Kehrseite des industriellen Wachstums und besseren Lebens auf der Insel – vor gut einem Vierteljahrhundert schon Einhalt geboten und wird der Fischfang noch heute gestoppt, sobald die Fangquoten erreicht sind – während Vater Stockley noch von Mai bis November holen konnte, was die Netze hergaben –, doch ob der Kabeljau je zurückkehren wird, ist fraglich. Von der Erhohlung der einstigen Bestände ganz zu schweigen. Cecil Stockley indes hatte den richtigen Riecher und setzte beizeiten auf die aktuelle Wachstumsbranche Neufundlands, den Tourismus. Touristen zu den treibenden Kolossen aus Eis zu bringen, hat sich zu einem erstklassigen Geschäft gemausert. Aus aller Welt kommen die Menschen geflogen, um die leisen Giganten zu bestaunen. Die Eisberge sind das neue Ausflugsziel – schon am 1. Mai beginnen Cecil und sein Bruder, das Meer genau zu beobachten,

LINKS OBEN | Der schwere Morgennebel hat sich aufs Meer zurückgezogen, und die Bucht erstrahlt im frühen Licht des Sommers. Das kleine Boot von Cecil, der auch »Iceberg Man« genannt wird, ist fertig zum Auslaufen.

LINKS UNTEN | Krabbenkutter an der Mole von Twillingate. Die robusten Boote sind bestens geeignet, dem rauen Wetter und der schweren See vor Neufundlands Küste zu trotzen.

UNTEN | Cecil, studierter Lehrer und einer der Ersten, die Eisbergtouren in Neufundland anboten. Unzählige Male fuhr er hinaus aufs Meer und verzeichnet insgesamt mehr als 3000 Eisbergsichtungen.

VORHERGEHENDE SEITEN | Die Nordküste Neufundlands an einem freundlichen Frühsommertag im Juni. Im Herbst und Winter wüten hier schwere Stürme – eine Herausforderung für die Fischer und deren Boote.

RECHTS | Ein Morgengruß vom Nordpol: Wenn Cecil früh zum Fenster herausschaut, kann es schon mal vorkommen, dass ein Eisberg gerade gemächlich vor seinem Haus einparkt.

UNTEN | Eisberge nehmen unterschiedlichste Farben und Formen an. Da sich an diesem Tag ein graues Licht über die Bucht gelegt hat, leuchtet dieser Koloss in nahezu reinem Weiß.

und spätestens am 15. Mai machen sie das Boot für die Saison klar. Die dauert dann bis etwa Mitte September. »Und kurz darauf beginnt schon die Elchjagd, und ehe du dich versiehst, ist Weihnachten. Danach kommen die ruhigen Monate. Von Januar bis März musst du schauen, dass du etwas zu tun hast«, meint Bert und lächelt unsicher. Er hat sich auf den Bau mannshoher Leuchttürme verlegt, die man sich aufs Grundstück stellen kann. »Ein Hobby halt«, murmelt er und winkt lachend ab. »Zwölf Stück habe ich bisher gebaut, aber bis zu mir nach Hause hat es noch kein einziger geschafft.«

Für einen kurzen Moment ruht die Welt hier in Twillingate. Es ist ein sonniger, fast windstiller Morgen, der uns beinahe darüber hinwegtäuscht, dass wir uns in einer der nach wie vor windigsten Ecken Neufundlands befinden. Orkane mit Spitzen bis zu 150 Stundenkilometern sollen hier durch die Bucht pfeifen. Doch das Wetter sei milder geworden, meinen die Stockleys. Früher hätten die Stürme oft tagelang über der Insel getobt, während es in diesen Tagen allenfalls mal noch ein Stürmchen gebe, das nach einem Tag schon wieder verschwunden sei. Sie zucken die Schultern. So ist das eben. Die Neufundländer haben gelernt, mit ihrer rauen Heimat und manch klimatischer Unbill umzugehen, und sie haben sich darüber ihren weichen Kern bewahrt. Auch die Gebrüder Stockley machen keinen großen Wirbel um ihren geschäftlichen Erfolg. Sie sind bescheiden und damit ihren Wurzeln treu geblieben. »Weißt du, das Schönste, was wir uns vorstellen können, ist ein herrlicher Sonnenuntergang.« Dafür lassen sie dann auch einfach die Arbeit liegen, fahren hinaus zum Leuchtturm und schauen zu, wie die Sonne ins Meer fällt. »Du musst am Ende nichts weiter tun, als das Leben zu genießen, wie es eben ist. Und erst, wenn morgen früh die Sonne aufgeht und beide Beine wieder auf dem Boden stehen, erst dann beginnt ein neuer Tag.«

Ein wenig später tuckern wir übers türkisblau leuchtende Meer und lassen unsere Blicke versonnen auf den grauen Felsen ruhen, die grell im Sonnenlicht schimmern. Ich klettere hoch zu Cecil auf die Brücke, schaue aufs Meer und bin froh, dass heute gewiss kein Sturm aufziehen wird. Nicht dass ich Angst davor hätte, aber die Erinnerung an meine Segelzeit kriecht wieder hoch, und ich weiß, dass mein Bedarf an Stürmen auf See gedeckt ist. Schnell wische ich die Gedanken beiseite, es ist lange her, und heute ist alles ruhig. So

ruhig, dass sich Bert in der Kabine sogar noch ein kleines Nickerchen gestattet. Nach zwei Stunden ist der Törn vorbei – und natürlich sollte der »Iceberg Man« recht behalten. Wir bekommen nicht die Spitze eines Eisbergs zu Gesicht.

Doch so schnell denkt keiner ans Aufgeben. Wir erfahren, dass im Norden ein Eisberg gesichtet wurde, ein wahrer Ozeanriese, der weit draußen seine Bahn zieht. Also verlassen wir Twillingate und brechen nach St. Anthony auf, das an einer geschützten Bucht an der Nordspitze Neufundlands liegt. Es unterscheidet sich kaum von Twillingate – ein paar Dutzend Einwohner mehr vielleicht, die Fischindustrie ebenfalls als wirtschaftlicher Motor, nur schon seit den 1930er-Jahren und damit gut zwei Jahrzehnte älter. Inzwischen hat sich das Städtchen gleichermaßen dem Tourismus zugewandt, der seine Zugkraft aus der Sichtung von Walen und Eisbergen gewinnt. Hier scheint uns auch das Glück hold zu sein. Bereits in der Bucht sehen wir zwei kleine Eisberge, ihr Durchmesser liegt bei etwa zehn Metern. Prächtig schimmern die weißen Eisflächen, genau wie Cecil sie uns beschrieben hat, und auch das reine blaue Eis leuchtet stellenweise durch.

Zusammen mit gut zehn anderen Eisbergsüchtigen legen wir schon bald auf einem kleinen Boot vom Holzsteg in St. Anthony ab. Das Wetter indes präsentiert sich von seiner typisch neufundländischen Seite: Trübe, grau und windig hängt der Himmel über Erde und Wasser. Schon in der Bucht verspüre ich das verräterische Schaukeln des Bootes: Draußen erwartet uns unruhige See. Da werden wir es

OBEN | Wie ein auftauchendes U-Boot schiebt sich der Wal an unser Boot heran, um kurz darauf mühelos darunter hinwegzugleiten. Von der Brücke aus blicke ich gebannt auf den riesigen Körper des Tieres. Trotz ihrer Größe können diese sanften Riesen perfekt im Meer navigieren.

RECHTS | Der Wal scheint mit uns zu kommunizieren – eine gefühlte Ewigkeit umschwimmt er das Boot. Sein friedliches Verhalten, seine souveräne Ruhe und sein Blick, mit dem er mich minutenlang zu fixieren scheint, machen diese Begegnung zu einem sehr emotionalen Erlebnis.

mit dieser kleinen Nussschale wohl kaum bis zu einem Eisberg schaffen, der durchs offene Meer kreuzt. Immer stärker schwankt der umgebaute Fischkutter – schon macht sich ein leichtes, mir sehr wohlbekanntes Kribbeln im Bauch breit. Mein innerer Seemann ist in Alarmbereitschaft, und instinktiv wandert mein Blick über die Wellenkämme bis zum Horizont.

In diesem Augenblick springt plötzlich nur ein paar Hundert Meter vor uns ein Wal aus dem Wasser! Ich erfahre später, welch gewaltiges Glück wir hatten, denn normalerweise tauchen Wale erst im Juli oder August vor der Küste auf. Doch da ist er nun, ein Buckelwal. Unwillkürlich reißt es mich vom Sitz hoch, und ich schaue gebannt in die Richtung, wo er sich gezeigt hat. Mein Herz beginnt zu rasen, und noch während ich in mich hineinhöre, taucht er wieder auf und kommt langsam näher. Bis zu 18 Meter lang werden diese gigantischen Meeressäuger, bis zu 25 Tonnen bringen sie auf die Waage. Unser Boot dürfte kaum größer sein. Umso beeindruckender ist es, als der Wal direkten Kurs auf uns nimmt. Kurz vor dem Boot taucht er ab und schiebt seinen kolossalen Körper mehrmals unter dem Rumpf des Schiffes hindurch. Was für ein Anblick – ich bin wie erstarrt. Das Wasser ist glasklar, doch es sind nur riesige Schatten, die den Wal unter uns erahnen lassen. Als er wieder auftaucht, dreht er sich zur Seite, als winke er mit seinen Seitenflossen. Es kommt mir so vor, als wolle er uns begrüßen. Natürlich hat der Skipper längst die Maschine gestoppt, langsam legt sich der alte Kutter

RECHTS | Mit gemischten Gefühlen starten wir in die endlose Weite Labradors. Neugier und Respekt begleiten uns durch eine Landschaft, die bisher nur wenige Menschen betreten haben. 17 Schwarzbären werden in den kommenden acht Tagen unseren Weg kreuzen.

von einer Seite auf die andere. An Bord herrscht absolute Stille. Erneut taucht der Wal ab. Alle starren wie gebannt aufs Wasser, in dem ein langer Schatten zusehends die Meeresoberfläche zu verdunkeln beginnt. Und dann, unmittelbar vor uns, stellt sich das Tier senkrecht ins Wasser und bewegt sich nicht mehr von der Stelle. Elegant, fast schon leicht wirkend hält es seinen tonnenschweren Körper in dieser Position. Und dann schiebt der Wal langsam seinen Kopf aus dem Wasser und breitet seine Brustflossen vor uns aus.

LOGBUCH MARIO 2

15.06.2013 | ATLANTISCHER OZEAN | 51°21'14"N 55°32'17"W

Die Begegnung mit dem Wal hat mich überwältigt. Als dieses riesige Tier plötzlich quasi vor uns stand, hatte ich das Gefühl, er würde mich direkt anschauen. Ich erwiderte seinen Blick, und im selben Moment liefen mir Tränen über die Wangen. Mir schienen es Minuten, dass wir uns so Auge in Auge gegenüberstanden, Minuten, die sich zur Ewigkeit dehnten. Ein unbeschreibliches Gefühl, ein wahrer Glücksmoment. Für mich bleibt es eine der emotionalsten Begegnungen, die ich je erleben durfte.

Tatsächlich hatte ich mich schon daran gewöhnt, dass ich, so sehr ich auch auf das Meer hinausschaue, dort wohl nie einen Wal sehen werde. Zu lange hatte ich auf meiner Segelreise nach diesen riesigen Meeressäugern Ausschau gehalten – stundenlang aufmerksam gesucht, Wochen, Monate, Jahre auf See zugebracht. Vieles erlebt, vieles gesehen, aber keinen Wal. Irgendwann akzeptiert man, dass einem dieses Glück eben nicht zuteilwird. Und dann so etwas: eigentlich auf der Suche nach Eisbergen – die sich, was für eine seltsame Analogie, partout nicht zeigen wollen –, doch am Ende des Tages plötzlich Blickkontakt mit einem tonnenschweren Wal! Für mich hat sich nun jedenfalls ein alter Traum erfüllt, und damit wurde auch eine fast vergessene Sehnsucht gestillt. Genau in diesem Moment habe ich endgültig beschlossen, die Herausforderung Wildnis anzunehmen.

Langsam gleitet der Wal schließlich wieder ins tiefere Wasser. Er winkt noch ein letztes Mal mit seiner Flosse und verschwindet dann irgendwo draußen im offenen Meer. In einer Wildnis, die sich uns Menschen nie vollständig offenbaren wird. Eine bessere Bestätigung unseres ganzen Vorhabens, da sind wir uns später an Land sicher, hätten wir uns kaum wünschen können: erst Ray, der uns ganz unvermutet bestärkt, einfach unseren Weg zu gehen, wohin dieser Weg auch führen möge, und dann dieser verblüffende Gruß der Wildnis höchstselbst, ausgerechnet von einem ihrer wohl beeindruckendsten Vertreter, als wir noch mitten auf dem zivilisatorischen Startfeld unserer Reise stecken. Jetzt aber Leinen los, sagt mein Bauch. Neufundland war die Reise wert – doch die eigentliche Tour beginnt gerade erst.

LOGBUCH RAMONA 2

15.06.2013 | HAFEN VON ST. ANTHONY | 51°21'49"N 55°35'02"W

Ich liege im Wasserwerfer und kann nicht schlafen. Die Begegnung mit dem Wal kreist in meinem Kopf. Eigentlich sollten zu dieser Jahreszeit gar keine Wale da sein. Vielleicht ist es, wie Ray gesagt hat: Das, was du erwartest, bekommst du nicht, dafür aber etwas viel Grandioseres, woran du nicht mal ansatzweise gedacht hast.

UNTER BÄREN

»Wenn wir lernen, mit den Tieren zu reden und sie zu verstehen, dann haben wir keine Angst mehr vor ihnen.«

CHIEF DAN GEORGE

Nur zwei Stunden währt die Überfahrt nach Labrador – und wir bekommen dabei nun doch noch einige größere Eisberge zu Gesicht. Unbeeindruckt stampft die Fähre an diesen abstrakt anmutenden Gebilden vorbei, während über Deck eine kalte, steife Brise pfeift. Ein in jeder Hinsicht kühler Empfang, den uns das Festland bereitet. Und deshalb halten wir uns auch nicht länger in dem kleinen Hafen von Blanc-Sablon auf, sondern nehmen schnurstracks die schier endlose Weite in Angriff.

Sogleich finden wir uns auf einer Schotterpiste wieder, von der sich gerade das letzte Wintereis zurückgezogen hat. Über die ersten Kilometer begleitet uns zur Rechten noch das Meer, auf dem große Eisschollen träge gen Süden treiben. Ein Schild verdeutlicht die vor uns liegenden Dimensionen: nur noch schlappe 486 Kilometer bis zur nächsten Tankstelle. Obgleich die Tundra unter allen irdischen Ausprägungen der Wildnis nicht eben zu den besonders üppigen zählt, lässt sie doch keinen Zweifel daran, dass diese Straße hier nicht hingehört. Über Tausende Kilometer hat der Mensch eine Schneise durch die arktischen Steppen und borealen Wälder geschlagen, um Material in den Norden zu schaffen und seine riesigen Baustellen mit all den Dingen zu versorgen, die sie tagtäglich verschlingen. Es werden Wasserkraftwerke errichtet und Gasvorkommen erschlossen – und wie immer bei solchen Vorhaben auch ganze Landstriche zerstört. Eine andere Seite Kanadas, das große Geschäft, rückt auch in die entlegensten Gebiete vor. Wir sehen es in Gestalt der riesigen Trucks, die durch die Wildnis eilen und dicke Staubwolken hinter sich herziehen. Die Dreckstraße hat schon seit Tagen keinen Regen mehr gesehen. Gelegentlich begegnen wir ein paar Straßenarbeitern, die diese Strecke in Schuss halten und vorbildlich mit einem Stoppschild in der Hand den Verkehr regeln, auch wenn nur alle paar Stunden ein Fahrzeug zum Anhalten bewegt werden muss.

Allein die Vorstellung, über 1700 Kilometer durch die Wildnis zu fahren, flößt mir Respekt ein. Die ersten beiden Drittel dieser Etappe führen uns nach Labrador City, danach geht es durch Québec südwärts bis Baie-Corneau. Über eine Woche sind wir in teilweise skurrilen Landschaften unterwegs, passieren gigantische Flächen von abgebrannten Wäldern, fahren an ausgedehnten Seen vorbei, um dann wieder in dichte Waldtundra einzutauchen. Es ist immer noch menschenleer

LINKS | Ein Schwarzbär muss nicht immer schwarz sein. Dieser hier hat eine bräunliche Färbung und gehört trotzdem zur Spezies der Schwarzbären. Er ist so mit dem Fressen von Gras beschäftigt, dass er sich von uns nicht im Geringsten stören lässt.

UNTEN | Zurück auf kanadischem Festland befahren wir 1500 Kilometer Dreckstraße quer durch die Wildnis Labradors – menschenleer und eintönig. Alle paar Hundert Kilometer begegnen wir Straßenarbeitern, wobei meist Frauen für die Regelung des dünnen Verkehrsaufkommens sorgen.

VORHERGEHENDE SEITEN | Welche Schneemassen hier im Winter liegen müssen, lässt diese Aufnahme erahnen.

OBEN | Ramona bei einem ihrer Versuche, Bären aus nächster Nähe zu fotografieren. Sie macht gerade das untere Bild auf der nächsten Seite (rechts unten). Dieser Bär lässt sich nicht von der Kamera stören – zu schmackhaft scheint sein Fisch.

RECHTS OBEN | Ein Bär auf Nahrungssuche ist selten gefährlich für Menschen, da er eher scheu ist. Dieser jedoch wurde anscheinend mehrfach von Passanten gefüttert. Zielgerichtet läuft er auf uns zu und schnüffelt minutenlang am Fahrzeug.

hier oben im ohnehin nur dünn besiedelten Labrador. Die meiste Zeit rollen wir allein auf der knirschenden Drecktrasse dahin. Dummerweise funktioniert nicht mal unser Radio, irgendein Fehler hat sich in die Elektrik geschlichen. So still sollte es nun auch wieder nicht sein.

Was uns immer wieder willkommene Abwechslung verschafft, sind die vielen Begegnungen mit Bären, genauer gesagt Amerikanischen Schwarzbären, die oft auch »Baribal« genannt werden. Diese Bärenart kommt vor allem in Kanada und Alaska (mit Ausnahme des äußersten Nordens) vor – mit einer Population von 600 000 Tieren in ganz Nordamerika – und gilt als weniger gefährlich für den Menschen als Grizzlys oder Eisbären. Während der eine Schwarzbär sichtlich entspannt auf einer Insel mitten in einem der vielen Flussläufe sitzt und seinen frisch gefangenen Fisch verzehrt, sucht der andere lieber schnell das Weite, als er uns bemerkt. Bären werden hier oft von den Straßenarbeitern gefüttert – und wie wir später erfahren, kann dies das Todesurteil für ein Tier bedeuten. Ich indes habe ein ganz anderes Problem, das in erster Linie in dem unterschiedlichen Distanzverhältnis liegt, welches meine Frau und ich zu den Tieren haben. Meine fast schon manische Angst vor Bären drängt mich förmlich dazu, diese kraftvollen Tiere ausschließlich aus sicherer Entfernung zu beobachten. Während ich also angestrengt durchs Fernglas schaue, springt Ramona immer wieder aus dem Auto und versucht, sich neugierig an die Bären heranzuschleichen. Ihr Treiben

weckt gemischte Gefühle in mir. Neben der leisen Wut über ihre Uneinsichtigkeit schwingt immer auch ein großes Stück Bewunderung mit. Ich wünschte, ich wäre ebenso unverzagt und setzte das gleiche Vertrauen in diese Tiere.

Doch das Gesetz der Serie sagt, das letztlich immer einer aus der Reihe tanzt. Es ist der vielleicht zehnte Bär, auf den wir entlang dieser Piste treffen. Er hat bereits zweimal die Straße gekreuzt und schwänzelt nun um uns herum. Obwohl Meister Petz nur gut 50 Meter vom Fahrzeug entfernt ist, klettert Ramona ins Freie. Ausgerüstet mit ihrer furchtlosen Neugier und die Kamera im Anschlag, setzt sie dem Bären nach. Das Tier hat sich mittlerweile hinter einem Busch versteckt. Als es plötzlich diese junge, motivierte Fotografin vor sich sieht, richtet es sich langsam auf, streckt seine empfindliche Nase in den Wind und schaut zu ihr hinüber. Ramona beschert dieses Verhalten zunächst einige Fotos. Dann zeigt sich, dass der Bär nicht minder neugierig ist als die mutige Fotografin: Er bewegt sich langsam auf sie zu – immer noch schaut sie durch den Sucher ihrer Kamera ... erst als der Koloss zielgerichtet auf sie zuhält und dabei zusehends schneller wird, reagiert sie und springt ins Auto. Im Nu wird die Sicherheit, in der wir uns bereits gemütlich eingerichtet hatten, zur Illusion. Dieses Mal ist es noch gut ausgegangen, aber so ein Verhalten kann auch zum Verhängnis werden. Mein Puls klopft bis in die Schläfen, doch beruhigt registriere ich, dass dieser Bär offensichtlich auch Ramona Respekt eingeflößt hat.

LOGBUCH MARIO 3

18.06.2013 | TRANS-LABRADOR HIGHWAY | 52°47'36"N 58°22'43"W

Bären! Diese Tiere machen mir wirklich Angst, und das schon immer. Seit ich denken kann, sind Bären für mich der Inbegriff gefährlicher Fauna. Ihre Größe, ihre enormen Kräfte ... Davor hat der kleine Goldi schon gezittert, als er noch mit der Trommel um den Christbaum sauste. Außerdem erinnere ich mich vage an unzählige Storys über Angriffe von Bären auf Menschen. Und addiere fröhlich die Tatsache, dass ich eigentlich kaum etwas über diese Tiere weiß. In Summe kann mein Kopf also wahrscheinlich gar nichts anderes tun, als auf das Stichwort »Bär« hin sofort das Bild vom wütenden Grizzly zu produzieren, dem ich natürlich wehrlos gegenüberstehe. Da laufen die Stresshormone zu Höchstform auf! Für Ramona indes gilt das genaue Gegenteil. Bei ihr überwiegt die Neugier. Sie sieht immer das Gute in den Tieren. Die Tiere sind unsere Freunde, davon ist sie felsenfest überzeugt. Dass sie deshalb gern nahe herangeht, mag bei Eichhörnchen, Vögeln und Rehen kein Problem darstellen – bei den Bären aber habe ich meine ernsten Zweifel. Wir liegen deswegen immer etwas im Disput, und die Situation heute hat gewissermaßen meine Vorsicht bestätigt.

LINKS | Ein Grizzly, aus nächster Nähe aufgenommen. Dieses Foto entstand erst später, in Alaska. In Labrador findet man keinen der etwa 50 000 Grizzlys, die heute noch im Westen Kanadas und der USA sowie im dünn besiedelten Alaska zu Hause sind.

UNTEN | Eine Bärenfamilie sieht immer niedlich aus. Doch das Konfliktpotenzial ist gerade hier groß: Die Bärenmutter wird auf jeden Fall eingreifen, wenn sie das Gefühl bekommt, dass ihre Jungen bedroht werden. So eine Situation ist oft schwer einzuschätzen – man bleibt am besten auf Distanz.

LOGBUCH RAMONA 3

18.06.2013 | TRANS-LABRADOR HIGHWAY | 52°47'36"N 58°22'43"W

Meist schaue ich zum Fenster hinaus und genieße die Natur. Ich lasse meinen Gedanken freien Lauf. Doch die Schwarzbären heute haben meine Neugier geweckt. Ich habe keine Angst vor diesen Tieren, was es mir immer wieder ermöglicht, gute Fotos zu schießen. Es klingt bescheuert, aber ich denke: Die Tiere wissen, dass du ihnen nichts Böses willst. Okay, heute, das war vielleicht ein bisschen zu dicht dran, aber es hat gepasst.

Was auch immer wir über Bären mutmaßen – es gibt einen Mann, der es genau weiß: Mike McIntosh. Ich stieß schon während meiner Recherchen via Internet in Deutschland auf ihn. Und so lenke ich unser gutmütiges Expeditionsmobil an einem heißen Sommertag erwartungsvoll in den verschlafenen Ort Sprucedale. Ab Baie-Corneau war die Straße endlich wieder ausgebaut, und so gingen die

OBEN | Abschreckung ungebetener Besucher: Die Bärenstation, die Mike McIntosh in Sprucedale, Ontario aufgebaut hat, beherbergt viele Jungtiere, die sich nicht an Menschen gewöhnen sollen. Nur so haben die Tiere eine faire Chance, später in der Wildnis zu überleben.

RECHTS | Mike zeigt in Richtung des Jungtiergeheges. Noch sind wir weit entfernt und haben keinen Sichtkontakt, aber gleich bekommen wir die Möglichkeit, einen kurzen Blick auf die putzigen Tiere zu werfen.

rund 1200 Kilometer entlang des St.-Lawrence-Stroms bis nach North Bay in Ontario recht flott dahin. Insgesamt stecken uns nun schon fast 3000 Kilometer in den Knochen und Achsen. Leider haben wir den Eindruck, hier nicht sonderlich willkommen zu sein. Gleich am Eingang zu Mikes Grundstück wird klargestellt, dass ungebetene Besucher direkt auf dem Absatz kehrtmachen können: »Videoüberwachung in Betrieb! Kein Durchgang!« warnen gut sichtbar montierte Schilder. Doch der Schein trügt: Mike McIntosh lebt mit seinen Bären sehr zurückgezogen und versucht einfach nur, die Menschen fernzuhalten. Tatsächlich stellt sich der Mittvierziger uns gegenüber aber als überaus freundlicher Gastgeber heraus.

Aufgewachsen ist Mike auf einer Farm im Südwesten, zog später in eine große Stadt, wo er sich nie wirklich wohlfühlte. Vor 21 Jahren packte er also seine Siebensachen und ließ sich schließlich in Sprucedale nieder. Ganz weit am Rande der Zivilisation führt der kräftige Mann hier das fast schon einsiedlerische Leben eines Wildhüters. Luxus sucht man vergebens, alles ist einfach und funktional gehalten, nicht auf Gäste eingerichtet. Doch das kümmert uns wenig, wir haben unser Haus auf vier Rädern ja dabei und sind auch nicht aufgebrochen, die schönsten Wohnungseinrichtungen Kanadas zu küren. Unsere Sehnsucht heißt Wildnis, da kann es letztlich gar nicht erdig genug zugehen.

»Meine erste Begegnung mit Bären?« Mike lacht kurz auf, er muss nicht lange überlegen. »Da war ich in einem Nationalpark mit dem Kanu unterwegs. Dort

sollte es angeblich um die 2000 Bären geben, doch kein einziger ließ sich blicken. Also bin ich abends auf die Müllhalde geschlichen und habe mich dort auf die Lauer gelegt, denn da stöbern die Bären auf Nahrungssuche regelmäßig herum. Es wurde bereits dunkel, und in meinem Kopf spielten sich alle möglichen Szenarien ab. Kurz vor Einbruch der Dämmerung erblickte ich meinen ersten Schwarzbären. Ein stolzes Tier, das im Müll nach Nahrung wühlte. Tja, und das war's.« Mike lacht fröhlich auf und bedeutet uns mitzukommen.

»Meine erste große Erfahrung war Kamtschatka«, nimmt er den Faden wieder auf, während wir über das Gelände schlendern. »Bin dort auf die großen Braunbären getroffen. Da war ich mit meinem Freund Charly unterwegs. Wir hatten keine Gewehre oder Pistolen dabei, nur ein Pfefferspray für den absoluten Notfall. Wenn du Bescheid weißt, brauchst du keine Kanone. Charly hatte ja das Verhalten der Bären zu dieser Zeit schon 50 Jahre lang beobachtet. Ist weit über eintausend Bären begegnet, hatte nie ein Gewehr dabei und wurde auch noch nie angegriffen.« Ich ziehe vermutlich ein ziemlich skeptisches Gesicht, denn Mike wirft mir aus den Augenwinkeln einen kurzen prüfenden Blick zu, bevor er fortfährt. »Die Bären sind längst nicht so gefährlich, wie es ihnen nachgesagt wird. Tatsächlich sind sie das nur selten. Wir müssen lediglich unseren Verstand richtig einsetzen.« Er habe sich schon immer für große Tiere interessiert, sei speziell von Bären und Wölfen fasziniert. »Letztendlich hab ich mich für die Bären entschie-

bearwithus.org

den, weil ihre Intelligenz der eines Menschenaffen entspricht. Sie haben die Fähigkeit, abstrakt zu denken und Situationen zu analysieren. Und sie haben die Kraft und Stärke, großen Schaden anzurichten, entscheiden sich jedoch auch ganz bewusst dafür, dies nicht zu tun.« Das hört sich doch ganz gut an, denke ich. Mike weiß alles über Bären, er hat seine Leidenschaft zum Lebensinhalt gemacht, sich den Respekt vor den Tieren bewahrt, die er zugleich auch bewundert. Alles in allem scheint er »mein Mann« zu sein: Meine Neugierde ist geweckt – und vielleicht gelingt es mir mit seiner Hilfe, meine Angst vor Bären zu überwinden.

Zunächst aber werden wir seinem Freund Yogi vorgestellt. Yogi ist ein alter Bär, den Mike vor Jahren aus einem Zirkus gerettet hat. Ein kräftiges Tier, an Menschen gewöhnt. Vor ein paar Jahren ist er in Mikes Garten eingezogen und duldet die Nähe seines menschlichen Freundes ohne Weiteres. Heute gibt es außerdem was zu naschen: Mike legt eine Wassermelone vor Yogis Nase. Bären lieben diese Früchte. Entspannt geht Mike auf Yogi zu. Langsam streichelt er durch das schwarzbraune, zottelige Fell des Bären, der interessiert an Mikes Bein schnüffelt. Dann beißt sich Yogi kurz in Mikes Schuh fest, aber der Bärenkenner bleibt gelassen. Zwischen den beiden besteht ganz offensichtlich eine besondere Verbindung. Mike kniet sich vor Yogi auf den Boden und schaut ihm direkt in die Augen. Er schiebt seinen Unterarm in Yogis Schnauze – und ruhig sitzen sich die beiden gegenüber. Zwei Freunde, wie sie unterschiedlicher nicht sein können. »Yogi ist zwar früher schwer misshandelt worden, Menschen gegenüber aber trotzdem sehr zutraulich. Ich würde ihn gerne wieder in die Wildnis entlassen, aber das wäre sein sicherer Tod. Er hat keinen Grund, uns zu fürchten, und wird somit zwangsläufig Kontakt suchen. Doch das versteht nur, wer ihn kennt. Wenn ein Bär keine Angst vor Menschen hat, wird ihn irgendjemand sehr bald erschießen.«

Deshalb hält Mike seine Bären möglichst von Menschen fern. Vor allem die Jungtiere sollen sich gar nicht erst an uns gewöhnen. Aus gebührendem Abstand dürfen wir Mikes 15 kleine Bärenkinder beobachten, wie sie sich im Gehege die Zeit vertreiben. Die meisten sind durch Unfälle und die Sportjagd bei ihm gelandet, denn McIntosh und seine Liebe zu den Bären sind weit über die Grenzen Ontarios hinaus bekannt. Er wird oft angerufen, wenn es irgendwo ein Problem mit Bären gibt. Und er fährt Tausende Kilometer, um den Tieren zu helfen. Auch in Schulen ist Mike oft unterwegs, spricht mit den Kindern über das Verhalten der Bären. Sein Ziel ist, den Menschen die Angst zu nehmen. »Das ist leider sehr viel schwieriger als umgekehrt«, sagt er und führt weiter aus, dass er versucht, die Jungtiere auf ihr Leben in der Wildnis vorzubereiten, in die er sie entlassen wird,

LINKS OBEN Seit über 25 Jahren arbeitet Mike mit Bären. Dabei widmet er sich vor allem der Aufzucht von verwaisten Jungbären und ihrer Auswilderung. Aber er leistet auch Aufklärung in Schulen und telefonische Beratung in ganz Kanada. Sein Ziel ist es, Verständnis für die Bären zu vermitteln.

LINKS UNTEN | Diesen alten Bären namens Yogi befreite Mike aus einem Zirkus. Da er nie in Freiheit gelebt hat, ist an Auswilderung bei ihm nicht zu denken. Er würde unweigerlich Kontakt zu Menschen suchen, und es wäre nur eine Frage der Zeit, bis ihn jemand erschießen würde.

RECHTS | Wenn es Melonen gibt, sind junge Bären zur Stelle – eine ausgezeichnete Gelegenheit, um eine lustige Bilderserie auf den Chip zu bannen.

UNTEN | Die blauen Augen dieses Jungbären faszinieren uns, er jedoch scheint abgelenkt. Die Jungbären werden von Mike markiert und bei bester Gesundheit im Alter von 18 Monaten in die Wildnis entlassen.

wenn sie 18 Monate alt sind. Ein zu naher Kontakt mit Menschen brächte dabei nur Probleme für die Sicherheit auf beiden Seiten mit sich.

Mike schwärmt immer weiter von dem intelligenten Verhalten und analytischen Wesen der Bären. Er erzählt, dass er ab und an einen fremden Bären durch sein Grundstück wandern sehe und dass es ein Privileg sei, eines der üblicherweise gut getarnten Tiere überhaupt zu Gesicht zu bekommen. Alles in allem versucht er uns seine Liebe für die Bären nahezubringen und lobt das Leben mit ihnen in den höchsten Tönen. Je mehr mich all seine Leidenschaft und fundierten Kenntnisse überzeugen, umso dringender wird für mich die Frage nach dem richtigen Verhalten in freier Wildbahn – was tun, wenn Onkel Grizzly plötzlich vor dir steht und ernst guckt?

»Schau ihn an!«, rät mir Mike. »Er kann in deinen Augen lesen, ob du eine Bedrohung für ihn bist oder nicht. Wenn du ihn überrascht hast, dann rede sanft mit ihm. Zeig ihm deine Hände. Sie sollten leer sein. Kein Stock. Kein Gewehr. Zeige dem Bären, dass du keine Gefahr für ihn bedeutest. Es ist sinnlos wegzurennen, denn sie können doppelt so schnell laufen wie der schnellste Mensch. Es macht keinen Sinn zu klettern oder zu schwimmen, denn auch das können die Bären besser als wir. Am besten ist es, wenn wir unseren Verstand gebrauchen. Wenn der Bär erkennt, dass du ihm nicht schaden willst, und du erkennst, dass auch der Bär nichts von dir will, dann wird sich die ganze Situation beruhigen.« Das klingt alles einleuchtend, aber ob ich mich bei einem richtigen Aufeinandertreffen mit Meister Petz so verhalten würde, weiß ich nicht. Ich muss versuchen, die weisen Worte von Mike zu verinnerlichen. Meine Angst ist damit jedenfalls noch längst nicht besiegt. Ich bohre weiter: »Und wenn ein Bär wirklich angreift, wenn er mich attackiert?«

Mike mustert mich nachdenklich. »Du wirst merken, wenn ein Bär nervös wird. Er schwingt dann mit seinem Körper hin und her, stampft mit seinen Pfoten auf und gibt dumpfe Laute von sich.« Mike erklärt weiter, dass der Bär damit signalisiere, dass er sich sehr unwohl fühlt. Schaut er einen dazu noch ab und zu an, sei es Zeit, den geordneten Rückzug anzutreten. »Es kann sein, dass ein Bär schnell in deine Richtung läuft, um kurz vor dir zu stoppen und dir seine Zähne zu zeigen – vielleicht murrt er dabei auch vor sich hin. Alles sichere Zeichen für einen nervösen Bären. Er will dann einfach

OBEN | Mike kennt sich bestens mit Bären und deren Verhalten aus. Seine Liebe zu den Tieren ist wirklich bemerkenswert, was ihm bei uns den Namen »Bären-Mike« eingetragen hat.

RECHTS | Yogi im Profil – ein ehemaliger Zirkusbär, der vor seiner Zeit bei Mike viel gelitten hat. Wir Menschen gehen oft schlecht mit Tieren um. Aber das, was wir ihnen antun, tun wir letztendlich auch uns selbst an.

nur, dass du ihm aus dem Weg gehst und sein Revier respektierst. Er wird dich aber nicht angreifen. Vielleicht bleibt er drei Meter vor dir stehen, um zu sehen, ob du verängstigt bist. Es kann auch sein, dass er diese ganze Prozedur mehrmals wiederholt. Weißt du, auch der Bär ist unsicher und bittet dich eben in seiner Sprache zu gehen«, erklärt Mike. »So sollte es fast in jedem Fall ablaufen«. Ich bin aber immer noch nicht ganz zufrieden.

»Also wenn dich ein Bär wirklich angreifen will, dann kommt er meist aus dem Hinterhalt. Aber solche Fälle sind extrem selten, und es ist wahrscheinlicher, dreimal vom Blitz getroffen zu werden.« Aber Mike gibt auch zu, dass es, sollte man so großes Pech haben oder dem Bären einen wirklich ernsthaften Grund zum Angriff geliefert haben, ernst wird: »Er kann dich töten, und du solltest dich mit aller Kraft verteidigen.« Ist der Angreifer ein Braunbär, ein sogenannter Grizzly, dann sei es die beste Strategie, sich tot zu stellen, das heißt, man legt sich auf den Boden, bewegt sich nicht mehr und signalisiert damit den ultimativen Akt der Unterordnung. »Sobald der Grizzly erkennt, dass du ihm nicht wehtun willst, wird er zurückweichen. Vielleicht brüllt er herum und beißt dich ein paar Mal, aber er wird wieder gehen. Das ist dann sein Verteidigungsangriff.«

Ehrfürchtig lausche ich den Worten von Mike und hoffe, nie in solch eine Situation zu geraten. Das Verhalten der Tiere scheint sehr davon abzuhängen, wie gut wir ihr Verhalten verstehen. Hunderten von Bären hat Mike bereits das Leben

gerettet, und er wird natürlich auch weiterhin Bären aufnehmen, sie aufziehen und wieder auswildern. Und sie werden ihm kein Haar krümmen. Es geht letztlich, und dafür bin ich selbst das beste Beispiel, um die Schlüsselfrage, ob wir Menschen vor den Bären Angst haben müssen. Und da hält es Mike mit dem alten Häuptling Chief Dan George, der einst sagte: »Wenn wir lernen, mit den Tieren zu reden und sie zu verstehen, dann haben wir keine Angst mehr vor ihnen. Denn das, was wir fürchten, zerstören wir.« Und in der Tat zerstören wir Menschen blind alles, was uns Angst macht. Die Jagdindustrie bemüht sich um den schlechten Ruf der Bären, nur um die Jagd zu rechtfertigen. Denn die Menschen machen sich nichts daraus, ein gefährliches Tier zu erschießen. Die Wahrheit aber ist, dass sie nicht gefährlich sind. Deshalb gibt mir Mike auch nur eine Botschaft an die Welt mit auf den Weg: »Kommt nicht nach Kanada, um die Bären zu töten. Bringt eure Kameras mit und lernt etwas über sie!«

DER EINSIEDLER

»Wenn ich durch diese Welt gehe,
hinterlasse ich nur die flachsten Fußabdrücke.«

MORGAN DAVIS

Von einem Einsiedler namens Morgan Davis hatte ich bereits in Deutschland gehört. Meine Freundin Alice erzählte mir irgendwann von ihrem abtrünnigen Cousin, der zwar in wohlhabenden Verhältnissen in den USA aufgewachsen sei, sich dann aber recht früh von Familie und Gesellschaft losgesagt habe. Sie wusste nicht viel über ihn – außer dass er irgendwo in einer Blockhütte in Ontario wohnen sollte. Sie selbst hatte schon seit Jahrzehnten keinen Kontakt mehr, in ihrem Notizbuch aber dennoch eine Adresse gefunden. Und da ein Einsiedler vom Schlage Morgans – nach all dem Wenigen, was ich über ihn wusste – kaum über einen Stromanschluss oder gar Internet verfügen dürfte, schrieb ich ihm eben gleich einen Brief. Und siehe da: Ein paar Wochen später kam eine Postkarte aus Kanada ins Haus geflattert. Morgan schickte uns eine Wegbeschreibung, in der er kurz und bündig erklärte, wo er zu finden sei. Die Vorderseite zierte eine recht plastische Landkarte, auf der auch Elche und Hirsche abgebildet waren, als Orientierungshilfe. Er freue sich auf unseren Besuch. Wann und wo genau wir uns treffen würden, hatten wir allerdings nicht ausgemacht. Der kleine Ort Noëlville, in dessen Nähe Morgan wohnt, liegt nur eine Tagesreise von Mikes Bärenstation entfernt – der Zeitpunkt für einen Besuch scheint also günstig.

Dank seiner präzisen Beschreibung spüren wir Morgan Davis recht schnell auf. Den entscheidenden Abzweig weist uns ein aus Holz geschnitzter Pfeil mit einer Hand am anderen Ende. Vermutlich Morgan selbst hat in das Brett seinen Namen eingekerbt sowie die Worte »Puzuelo Dulce« – was auch immer Süßes das bedeuten mag. Ein aufgeschnittenes kleines Holzfass dient als Briefkasten.

Morgans Holzhaus kauert mitten im Wald. Sein Besitzer kommt uns unaufgeregt entgegen, und wir merken sofort, er mag es bequem. Morgan Davis ist ein kleiner, hagerer Mann von etwa 70 Jahren. Sein schneeweißer Bart verdeckt das von manchen Entbehrungen gezeichnete Gesicht, und hinter einer Brille von gewaltiger Stärke leuchten zwei neugierige Augen unter einem weißen Stoffhut hervor. Seine übergroße Hose wird nur durch die Hosenträger gehalten, und das kurzärmlige burgunderrote Hemd hängt offen an ihm herunter. Obwohl er keine Zähne mehr hat, ist sein Gesichtsausdruck frisch und aufgeweckt. An Morgans Selbstbewusstsein kann es keinen Zweifel geben. Er scheint sehr genau zu wissen, warum er hier ist. Genüsslich zieht er an seiner Zigarette, schöpft einen

LINKS | Aussteigen aus dem Hamsterrad der Gesellschaft: Morgan Davis hat es gemacht und lebt seit Jahrzehnten abseits der Zivilisation in der Nähe von Noëlville, Ontario.

UNTEN | Der Briefkasten von Morgan weist zugleich in die Richtung, wo sein bescheidenes Heim steht. Auf einem schmalen Waldweg gelangt man zu Morgans Haus, das er sich bereits vor Jahrzehnten gebaut hat und das nur aus einem Raum besteht. Ein Leben im Einklang mit der Natur.

OBEN | Morgan mag es leger. Er lebt die Tage, wie sie kommen. Sein Grundstück ist so groß, dass er sich selbst ein paar Wegweiser an die Bäume gehängt hat, um sich nicht zu verirren.

RECHTS | Hündin Aila weicht nicht von Morgans Seite. Nur wenn er im nahegelegenen See sein tägliches Bad nimmt, wartet das wasserscheue Wesen geduldig am Ufer, bis der betagte Hippie sein Bad beendet hat.

Krug Wasser aus der Regentonne und nimmt einen kräftigen Schluck. Er zieht einen Stuhl zu sich heran, setzt sich mitten auf das Stück Rasen vor seinem Haus und bläst einen dicken Rauchschwaden in die Luft. Neben ihm liegt seine Hündin Aila, sie ist alt, anscheinend mindestens so alt wie er. Irgendwo springt noch eine Katze herum, mehr Familienmitglieder gibt es nicht. »Du musst hier aufpassen, das Grundstück ist groß«, beginnt Morgan ganz unvermittelt. »Ich habe mir ein paar Wegweiser aufgehängt, um mich auf meinem eigenen Land nicht zu verirren. Man wird älter, weißt du.« Dazu lacht er spitzbübisch und ist uns sofort sympathisch. Menschen, die sich selbst nicht so ernst nehmen, sind immer die entspanntesten Zeitgenossen.

Das Land hat er sich bereits vor Jahrzehnten gekauft. Ein Stück Freiheit, fernab der Zivilisation und doch wieder nahe genug, um ein paar Dinge des täglichen Bedarfs erledigen zu können. Und auf diesem Grundstück sitzt er nun, der alte Hippie, wie er sich selbst bezeichnet, raucht seine Zigarette und freut sich, dass er es geschafft hat, sich von der Gesellschaft zu lösen. Im munteren Plauderton rollt er seine Lebensgeschichte auf: »Schon als ich jung war, habe ich beschlossen, dass es nur zwei Konten in meinem Leben gibt. Auf dem einen ist kein Geld drauf, es ist leer. Und das zweite Konto ist voll – mit Möglichkeiten. Und dieses Möglichkeiten-Konto wollte ich ausschöpfen, und zwar bis zum absoluten Limit, und das am besten auch sofort. Also bin ich los.« Zunächst reiste der junge Morgan Davis nur mit einem Rucksack durch die Weltgeschichte. Den Wert seiner Sachen konnte er am besten danach bemessen, ob es sich lohnte, diese mitzuschleppen. Und so blieben viele Dinge im Laufe der Jahre zurück. Morgan reiste vorzugsweise leicht. Bereits in seiner früheren Heimat New Hampshire hatte er sich gerne in die Büsche geschlagen, ist in den Bergen gewandert und hat im Nirgendwo sein Zelt aufgeschlagen. »Damals war ich noch Student an der Universität und musste mich zwangsläufig anpassen. Es gab Regeln zu befolgen, man musste sich einordnen. Später, als ich zur Armee eingezogen wurde, wurde es noch schlimmer. Da gab es nur noch Befehle, die absolute Unterordnung.« Danach begann er, sich allmählich von der Gesellschaft zu lösen, und versuchte, einen Platz am Rande der Zivilisation für sich zu finden.

»Früher, in den 1970er- und 1980er-Jahren, gab es eine Bewegung, die nannte sich ›Back to the Landers‹. Nur ein sehr kleiner Teil der Gesellschaft folgte dieser Idee, meistens Hippies, so wie ich einer war. Diese Leute sind auf einmal wieder raus aufs Land gegangen. Raus aus den großen Städten, raus aus den Vororten und damit auch raus aus dem bürgerlichen Leben.« Er erzählt weiter, dass es damals ihr Ziel war, als Selbstversorger zu leben und ihre Unabhängigkeit wie auch die Verbindung zur Natur zurückzubekommen. Ihre Motivation hätten diese Aussteiger vornehmlich aus einem Buch von Henry David Thoreau, einem amerikanischen Philosophen des 19. Jahrhunderts, bezogen, in dem dieser den Weg zurück aufs Land beschreibt. Morgan lehnt sich zurück und heftet seinen Blick auf einen imaginären Punkt irgendwo hinter den Baumwipfeln. »Gut 80 Prozent der Menschen, die das damals probiert haben, sind gescheitert.« Meistens, weil sie die monatlichen Kosten nicht mehr aufbringen konnten, die dieses neue freie Leben ohne festes Einkommen mit sich brachte. Sie hätten ihre Grundstücke wieder verkauft und seien in den Schoß der Gesellschaft zurückgekehrt, zurück in ihren Acht-Stunden-Job, wieder rein in die Vororte und ins Geldsystem. Dann schaut er wieder zu mir, und kleine Lachfalten umspielen seine Augenwinkel. »Ich bin lieber nach Südamerika gegangen.«

Mit 30 Jahren stand Morgan Davis auf dem Machu Picchu. »Ein Platz, an dem jeder Mensch einmal gewesen sein sollte. Man sollte dort auf jeden Fall hinauflaufen, direkt auf der Inkastraße. Es gibt nichts Schöneres auf der Welt!« Zum Beweis schlurft Morgan

OBEN | Das Schreiben hat Morgan zwar erst spät entdeckt, aber die Abenteuer, die er im Laufe seines langen Lebens erlebt hat, liefern genug Stoff. Seine wachen Augen beginnen zu glänzen, wenn er über Peru, den Machu Picchu und seine Zeit als Segler erzählt.

RECHTS | Ein Blick ins Innere des einfachen Hauses dieses Einsiedlers. Das Boot im Vordergrund hat Morgan in den langen Wintermonaten selbst gebaut – Erinnerungen an seine Zeit als Bootsmann. Auf einem ähnlichen Schoner umrundete Morgan insgesamt zweimal die Welt.

in sein Häuschen und zeigt uns einige Fotografien, auf denen die runden Hütten der Peruaner zu sehen sind. Menschen bei der Arbeit, das Südamerika, das er damals kennenlernte. Die Schwarz-Weiß-Fotografie war zu jener Zeit seine Leidenschaft, und zum Überleben baute er in Peru Häuser für die Einheimischen. Etwas später heuerte er auf einem großen Schoner an. »Ich bin schon zweimal um die Welt gesegelt«, freut er sich. »Es ist erstaunlich, wie viele Segler es gibt. Auch sie haben sich für ein einfaches Leben entschieden, ein Leben ohne Strom und fließendes Wasser. Sie schauen kein Fernsehen und haben auch nicht viel Stauraum, um ihre Sachen unterzubringen. Im Gegensatz dazu habe ich jetzt hier richtig viel Platz.«

Als er schließlich von seiner zweijährigen Segelreise um die Welt zurückkehrte, landete Morgan hier in Ontario, nicht weit von seinem jetzigen Domizil entfernt. Vieles, was zu dieser Zeit gesellschaftlich angesagt und üblich war, wurde für ihn zusehends uninteressant. »Dann habe ich einfach aufgehört, den Dingen nachzujagen.« Was er suchte, war die Möglichkeit, die Anforderungen der Gesellschaft nur noch in ihrem Minimum zu erfüllen. Im Prinzip waren es dieselben Träume, die auch die Hippies dieser Zeit träumten. Dabei gab es für ihn einen wesentlichen Grundsatz: »Ich wollte für alles bar bezahlen. Keine Schecks mehr, keine Kreditkarten, am liebsten gar nichts mehr von dem ganzen Zeugs. Dieses Kreditsystem ist ein soziales Gefängnis!«

Morgan hat seine Hütte rund gebaut, genau wie die Häuser in Peru. Ein einziger großer Raum, in welchem sich alles abspielt. Auf dem Tisch steht ein imposanter Zweimaster. »Den habe ich in den langen Wintermonaten gebaut, auf so einem Schiff bin ich um die Welt gesegelt.« Die ganze Einrichtung besteht aus Holz, seine Küchenzeile fungiert auch als Schreibtisch. Das schmale Bett steht direkt am Fenster. Einen Schaukelstuhl hat Morgan mitten im Raum platziert. Dort sitzt er oft und liest eines der vielen Bücher, die im einzigen Schrank untergebracht sind. Seine paar Kleidungsstücke hängen auf Bügeln an einem Stab offen im Raum.

»Wenn möglich, stehe ich gerne früh auf und schaue erst einmal, was los ist«, lächelt er mich an. Natürlich hat er bemerkt, dass ich mich für seinen Alltag interessiere, und lässt mich bereitwillig daran teilhaben. Es überrascht mich nicht, dass auch ein Morgan Davis gewisse Routinen hat. Nach dem Aufstehen macht er sein Bett und wäscht sich mit frischem Regenwasser. Dann kocht er sich einen Pott Kaffee und raucht die erste Zigarette des Tages. Diesen verlässlich wiederkehrenden Ablauf am Morgen findet er komfortabel und tut doch auch alles, was er kann, um jeder weiteren täglichen Routine zu widerstehen – möglichst keine Termine zu haben und möglichst wenige Verpflichtungen einzugehen.

Der heutige Morgen liefert dafür ein perfektes Beispiel. Er ist gestern Abend, nach unserer Unterhaltung, spät ins Bett gegangen. Wir hatten alle möglichen

OBEN | Holz – der bestimmende Baustoff in Morgans Haus. Alles hat hier seinen Platz. Es wirkt überraschend aufgeräumt bei Mister Davis, dem exilierten Alt-Hippie.

RECHTS OBEN | Der Lieblingsplatz des Einsiedlers ist sein alter Schaukelstuhl. Bücherlesen und das Alleinsein sind ihm sehr wichtig und sein ganz persönliches Tor zur Kreativität.

RECHTS UNTEN | Auch Morgans Tagesablauf kennt Routinen – der Kaffee nach dem Aufstehen, danach eine Zigarette –, aber er versucht, sie weitestgehend zu vermeiden. Herd und Beleuchtung in seinem Haus sind gasbetrieben.

verrückten Ideen im Kopf. Aber dann ist er nach einer schlaflosen Nacht aufgestanden – und auf einmal schienen die Pläne von gestern nicht durchführbar. »Verstehst du, so ist das Leben. Zudem kam die Sonne nicht raus. Was für einen größeren Planwechsel kann es noch geben, als wenn die Sonne nicht richtig aufgeht?«, grinst er breit. Je relaxter er mit seinem Tag umgehe, umso länger würde er leben.

Es ist erstaunlich: Morgan entstammt einer steinreichen Familie. Er selbst sollte über genügend Geld verfügen, um in einem schicken Haus in einer Gegend seiner Wahl komfortabel leben zu können. Doch davon hält er herzlich wenig. Es ist das einfache Leben, das ihn reizt und für das er sich in seiner ganzen Abgeschiedenheit ganz bewusst entschieden hat. »Ich liebe es, hier mitten in der Natur zu sein, denn dort draußen leben 90 Prozent der Menschen in einer spießbürgerlichen Gesellschaft. Sie sterben nach einem Leben, das sie nie wirklich gelebt haben.« Viele dort seien einem seltsamen Jagdfieber verfallen: »Sie können kein Tier schätzen, das nicht tot ist.« Morgan schüttelt den Kopf. »Die Menschen gehen heute in ihren zwei Wochen Urlaub auf Jagd, sie bezahlen einen Guide, der sie zum Elch bringt, und dann drücken sie einfach ab. Erschießen ein 700 Kilogramm schweres Tier, das sie nicht einmal essen möchten. Später schauen sie sich jeden Tag ihren an der Wand hängenden toten Elchkopf zu Hause an. Ich weiß nicht, was die Leute dabei denken – aber was ist das nur für eine Verschwendung! Wenn

GLAD

du heute einen Elch hier durchlaufen siehst und ihn leben lässt, dann kannst du dich morgen wieder an ihm erfreuen.« Für Morgan gibt es nichts Spannenderes, als morgens aus dem Fenster zu schauen und einen riesigen Grizzly entspannt durch seinen Vorgarten spazieren zu sehen. Das sei ein absoluter Nervenkitzel.

Viele Menschen haben Angst davor, allein zu sein. Nicht so Morgan, für den die Einsiedelei völlig in Ordnung geht. »Es ist eben so passiert. Wie viele Frauen wollen denn auch wirklich so leben?« Ihm ist bewusst, dass sein Lebensentwurf nicht sonderlich familientauglich ist und dass er nie in diese Schublade gepasst hat. Andere Dinge waren ihm immer wichtiger, als sich vor dem Alleinsein zu schützen, indem er zum Beispiel geheiratet hätte. »Es ist nicht meine Aufgabe, mein Alleinsein auf eine andere Person zu projizieren. Meine Einsamkeit gehört mir. Okay, die Gegend hier ist nicht sonderlich gut erschlossen, und wir leben vielleicht etwas rückschrittlich, etwas hinter der modernen Zeit. Aber hey, das ist gut so! Das ist es, was ich wirklich will. Dort draußen in der Zivilisation gibt es so viele Dinge. Das ist übertrieben, Wahnsinn und absolut nicht nötig. Mein Möglichkeiten-Konto ist zwar mittlerweile leer, aber ich habe es gut angelegt. Genug ist genug.« Morgan macht eine kurze Pause, überlegt und setzt wieder zu einem vermeintlichen Gedankensprung an, der aber letztlich nur treffend zusammenfasst, was zählt: »Heute Morgen habe ich mir einen schönen Pott Kaffee gemacht. Und es war richtig guter Kaffee.«

Ab und an fühle er sich zwar etwas einsam, gibt Morgan zu, aber diese Phasen sind kurz. Er möchte nicht, dass ihm irgendjemand seine Einsamkeit wegnimmt. Das würde er nicht ertragen. »Das abgeschiedene Leben erlaubt der Tür zur Kreativität immer offen zu bleiben«, formuliert er seine Philosophie. »Und deshalb versuche ich, so gut als möglich auf mich selbst aufzupassen.« Der Kauf dieses Stückes Land sei eine gute Investition gewesen. »Meine Aufgabe ist es, dieses Stück Natur zu beschützen. Ich werde dafür sorgen, dass dieser herrliche Landstrich eine Zukunft hat.« Da Morgan keine Kinder hat, wird er das Grundstück der Gemeinde überschreiben. Wenn die Gemeinderäte dann noch beschließen, dass hier ein öffentlicher Park entsteht, dann haben sich all seine Mühen gelohnt. »Es hat sich ausgezahlt, hier raus zu kommen und ein kleines Stück Natur zu behüten, von dem du ganz genau weißt, dass es, wenn du es nicht beschützt, irgendwann in einhundert Jahren sowieso gerodet sein wird. Sie werden jeden Baum fällen, das Holz wird verkauft, und dieses wunderschöne Land wird wie eine karge Wüste aussehen.« Auch wenn Morgans Leben im Einklang mit der Natur nur ein kleiner Schritt für eine saubere Erde ist und er noch nicht das Ende der Welt vor Augen hat, so sieht er doch den Untergang unserer modernen Zivilisation zumindest ab und an schon heraufdämmern. »Vergib mir, wenn ich hier arrogant rüberkomme, aber ich sage dir, ich habe all meine Träume gelebt. Alle Ziele, die ich in meinem Leben erreichen wollte, sind mehr als erfüllt worden. Nun rase ich nicht mehr, beeile mich nicht und strenge mich auch nicht an, irgendetwas Weltbewegendes zu erzielen. Es liegt mir fern, einen fetten Fußabdruck im Schlamm zu hinterlassen. Wenn ich durch diese Welt gehe, bleiben von mir nur die flachsten Fußabdrücke. Wir Menschen müssen unsere Erde beschützen und sauber halten! Die Suche nach anderen bewohnbaren Planeten ist erstens ein Traum und zweitens nur eine Entschuldigung, um die Zerstörung unserer Erde zu rechtfertigen. In Science-Fiction-Filmen geht jeder auf ein Raumschiff und fliegt zu einem anderen Planeten. Das Ding ist nur, es gibt keine anderen bewohnbaren Planeten. Dieser hier ist der beste, den wir haben, also halten wir ihn sauber!«

Und dann wird Morgan Davis doch noch kurz etwas sentimental, als wir erneut die alten Aufnahmen aus Südamerika betrachten. »Schade eigentlich, dass ich mit dem Fotografieren aufgehört habe. Das hatte mich wirklich begeistert, und ich glaube auch, dass ich

LINKS | Der Versuch, mir anhand alter Fotos die Bauweise der Hütten in Peru zu erklären, von denen er einige sogar selbst errichtet hat. Er mag diese schlichte Architektur, die auch Vorbild für sein Haus in Ontario war.

UNTEN | Ein Blick in ein altes Fotoalbum und eine kleine Reise in Morgans Welt. Vor allem Architektur hat Morgan hier in Schwarz-Weiß abgelichtet, aber auch Menschen – fremde Völker, von denen er viel gelernt hat.

RECHTS | Ramona, Morgan und ich: Für das Abschiedsfoto hat sich Morgan extra herausgeputzt. »Wir sehen uns«, sagt er noch und verschwindet wieder in seinem Wald. Als wir in Richtung Straße fahren, rollen Tränen über meine Wangen – ein wirklich außergewöhnlicher Mensch!

UNTEN | Ein Radio hält Morgan mit der Außenwelt in Verbindung, auch wenn der Empfang nicht immer der beste ist – Bierdosen sind hervorragende Signalverstärker.

Talent hatte, mehr daraus zu machen. Aber diesen Fehler muss ich akzeptieren.« Dabei schweifen die Gedanken wieder weit zurück nach Peru. »Da gab es kein Deospray«, grinst er mich von der Seite an. »Und die Frauen haben auch nur alle zwei Wochen mal gebadet. Aber ich kann nicht behaupten, dass sie je schlecht gerochen hätten. Vermutlich liegt das an der Ernährung. Die peruanische Frau isst gesund, nur wenig Fleisch, und sie stellt kein vorgefertigtes Essen auf den Tisch. Weißt du, ich war dort oben auf vielleicht 4000 Metern Höhe, ohne Strom, ohne Kühlschränke. Und ich habe doch besser gegessen als je hier in Ontario. In Peru wurde einfach alles immer frisch gemacht, es ging auch gar nicht anders. Nur einmal pro Woche gab es gesalzenen Fisch im Restaurant, der aus der 50 Kilometer entfernten Stadt herangekarrt wurde. Das war die einzige Ausnahme.«

Bevor wir uns anschicken, die Weiterfahrt anzutreten, steckt sich Morgan noch eine Zigarette an und sagt, mehr zu sich selbst: »It has been a great trip!« – es war eine großartige Reise. Sie ist noch nicht ganz vorbei, denn Morgan hat durchaus vor, sehr alt zu werden. Selbstbestimmt, soweit das eben geht. Man hat lange und oft und auch sehr hartnäckig versucht, ihm das auszutreiben – erfolglos. »Manchmal läuft es gut, ein andermal schlecht. Aber entscheidend ist doch, dass ich für mich selbst verantwortlich bin. Läuft etwas schief in meinem Leben, dann ist es nicht die Schuld der anderen, nicht die Schuld der Regierung, der Zigarettenfirmen oder Schnapsbrennereien. Es ist auch nicht die Schuld des Steuerbeamten. Wenn irgendein Problem auftaucht, dann ist es einzig und allein mein Problem. Jeder Mensch macht Fehler, aber auf lange Sicht habe ich nichts zu bereuen. Und nachher werde ich noch ein Bad nehmen«, beschließt Morgan. Das hat er uns schon gezeigt: Es ist nicht weit bis zu dem kleinen See, den er als Badezimmer nutzt.

LOGBUCH MARIO 4

30.06.2013 | NOËLVILLE | 46°08'01"N 80°25'54"W

Morgan Davis – die Begegnung mit diesem Menschen kommt mir vor wie ein Blick in mein eigenes Spiegelbild. Meine Gedanken kreisen oft um das Alter, um die Fragen, was ich dann tun, wo ich dann sein werde, und auch, wie ich sterben möchte. Vielleicht bringt das das Älterwerden mit sich. Oder die Lebenserfahrung. Aber wenn man auf die 50 zugeht, dann beginnt man nachzudenken und abzuwägen, was es im Leben noch zu tun gibt. Eines davon ist der Traum vom Alleinsein, sich Zeit zu

geben für Gedanken, für Geschichten, das Schreiben und sich auf das Sterben vorzubereiten. Es wird gut sein, wenn man dann all seine Träume erfüllen konnte und diese Ruhe auch annehmen und genießen kann. So stelle ich mir das Alter vor, ein einfaches Leben in der Natur, dort, wo wir eigentlich hingehören. Vielleicht bin ich deshalb so voller Neugierde und Abenteuerlust, einfach um irgendwann einmal zufrieden dazusitzen und zu sagen: »Ich habe all meine Träume gelebt ...«

LOGBUCH RAMONA 4

30.06.2013 | NOËLVILLE | 46°08'01"N 80°25'54"W

Ich habe noch nie so einen Menschen getroffen wie Morgan, einen Inbegriff des Aussteigers. Normalerweise halte ich mich immer erst zurück, wenn wir auf Leute treffen, weil ich nicht so gut Englisch spreche. Aber bei Morgan ist einfach alles superinteressant. Dieses jurtenähnliche Haus, diese Einfachheit, alles so wunderbar simpel, ein gemütlicher Ort. Mit einem Stück Seife wäscht er sich einfach am See. Kein Strom und kein fließendes Wasser. Was für ein herrliches Leben muss das sein! Ich könnte mir sehr gut vorstellen, so autark zu leben, auch wenn ich nicht weiß, wie lange ich es durchhalten würde. Es stimmt schon: Wenn man Zeit haben will, muss man erst mal langsamer machen. Das bedeutet für mich Lebensqualität.

DIE EWIGEN JAGDGRÜNDE

»Mit den Tieren sollten auch wir verschwinden, das war der Plan. Er hat aber nicht funktioniert.«

PAUL MARION

LINKS | Wilde Büffel ziehen wieder durch den Norden Kanadas. Auf diesem Bild sieht man einen Bullen, der als Einzelgänger am Straßenrand steht. Die Zahl der freilebenden Tiere wird heute auf etwa 30 000 geschätzt. Vor 400 Jahren zählte man noch 30 Millionen Büffel.

UNTEN | Die Namen der Indianerreservate sind wahre Zungenbrecher. In Kanada gibt es etwa 3000 kleine Reservate, die den First Nations zugesprochen wurden.

Auf dem Weg zur Hudson Bay im Norden Manitobas hängen wir noch lange unseren Gedanken nach. Irgendetwas muss dran sein an dem einfachen Leben. Einem Leben, wie Morgan Davis es führt. Wenn ich an unseren Alltag im Hamsterrad der Gesellschaft denke, verspricht diese Lebensweise weitaus mehr Selbstbestimmung und Befriedigung – und weitaus weniger Sorgen. Das erinnert mich unwillkürlich an die Indianer, die Ureinwohner Nordamerikas, die als Inbegriff eines Lebens im Einklang mit der Natur gelten. Vor allem der Umgang der Indianer mit Tieren hat mich seit je beeindruckt. Seien es Bären, Adler, Büffel oder gar Kaninchen: Sie alle dienten nicht nur als Quelle für Nahrung, Kleidung, Werkzeug und Schmuck, sie waren im spirituellen Weltbild der amerikanischen Ureinwohner untrennbar mit dem Kreis des Lebens verbunden und galten selbst als spirituelle Wesen. Nur die Tiere wurden getötet, die zum Überleben wichtig waren. Doch dann kam der weiße Mann ins Land, technisch überlegen und mehr an Profit als an Karma interessiert. Um 1870 ließ sich mit Fellen viel Geld verdienen. Außerdem wurde die Eisenbahn gebaut, und dabei standen sowohl die mächtigen Bisonherden als auch die Ureinwohner des Kontinents eher im Weg. So begannen die Einwanderer, die Lebensgrundlage der Native Americans systematisch zu vernichten, indem sie die Büffel regelrecht abschlachteten. Ganze Herden schossen sie nieder – und Typen wie Buffalo Bill wurden dafür sogar noch als Volkshelden gefeiert. Rund 30 Millionen Büffel zogen vor 400 Jahren noch friedlich über die Prärien Nordamerikas, dies ergaben wissenschaftliche Hochrechnungen. Zu Beginn des 20. Jahrhunderts, nachdem sich die Bleichgesichter durch das Land gemetzelt hatten, zählte man in ganz Nordamerika weniger als tausend Tiere. Und die Reste der ebenfalls stark dezimierten Indianerstämme hatte man in Reservate gepfercht. Diese Verluste an Leben und Weisheit erscheinen mir ungeheuerlich.

Während wir uns mit solchen und manch anderen Gedanken die Zeit vertreiben, verlässt uns plötzlich die Lust, weiter gen Hudson Bay nordwärts zu rumpeln. Wir hatten die Bucht zu einem Zwischenziel erkoren, weil es dort viele Eisbären geben soll, die in unserer Sammlung an Erlebnissen und Fotografien mit Bären noch fehlten. Doch jetzt kommen Zweifel auf. Zunächst müssten wir, um zur Hudson Bay zu gelangen, noch einmal zwei Tage mit dem Zug fahren, denn mit dem

OBEN | Im Gebiet der Skownan First Nation in Manitoba. Das Tipi wird heute hauptsächlich bei Zeremonien oder als Schlafplatz für Gäste genutzt. Die Stammesmitglieder leben längst in einstöckigen Holzhäusern.

RECHTS | Unsere erste Adresse beim Stamm der Ojibwa ist Alan Reid. Hinter seinem Haus steht dieser Mustang am Feuer und rührt sich nicht von der Stelle – eine gute Methode, sich Mücken und Pferdefliegen vom Leib zu halten.

Auto lässt sich der kleine Ort Churchill nicht erreichen. Außerdem sind wir uns nicht sicher, wie unser Hund Sunny auf die Eisbären reagieren wird. Vorausgesetzt, wir bekommen überhaupt welche zu Gesicht. Der Sommer ist dafür denkbar ungünstig, denn das Eis hat sich aufs Meer zurückgezogen und mit ihm wohl auch die Bären, die das Eis zum Jagen brauchen. Das zugefrorene Meer ist ihr Revier. Kurzerhand beschließen wir, die Hudson Bay sausen zu lassen und stattdessen die Indianer zu besuchen. Wir haben erfahren, dass hier im Norden Manitobas ein Stamm leben soll, der die riesigen Waldbüffel wieder auf die unendlichen Weiten der Prärie zurückbringen will – was dem Konzept unserer Reise ziemlich gut entspricht.

Mit Ausnahme der im Norden lebenden Inuit und der Métis, Nachkommen der Cree und eingewanderter Europäer, werden alle indigenen Völker Kanadas als »First Nations« bezeichnet. Der politische Begriff wird seit Beginn der 1980er-Jahre verwendet und hat vor allem juristische Hintergründe: So kann sich eine Nation auf das internationale Völkerrecht berufen, ein Indianerstamm hingegen nur auf Minderheitenschutz. Zu den First Nations werden heute insgesamt etwa 900 000 Menschen gezählt. Das Reservat der Skownan First Nation liegt in der Nähe des Waterhen Lake. Die Skownan gehören zum Stamm der Ojibwa (auch: Ojibwe oder Chippewa). Diese Namen gehen vergleichsweise leicht von den Lippen, andere hingegen sind, wie wir bald herausfinden werden, für uns wahre Zungenbrecher:

Vor »Nigigoonsiminikaaning« musste ich beinahe kapitulieren – Erinnerungen an die Buchstabenungetüme mancher Ortsnamen in Wales kommen auf.

Dem Hinweis einer Frau folgend, die wir vor etwa 300 Kilometern nach dem Weg gefragt haben, suchen wir nun gezielt nach Alan Reid. Der könne uns weiterhelfen, er sei ein Organisationstalent und kenne die Gegend bestens. Also begeben wir uns auf die Erkundung der Siedlung der Ojibwa. Der Ort unterscheidet sich nicht sonderlich von den Niederlassungen der First Nations in anderen Reservaten. Er ist durchzogen von Schotterpisten, an denen verstreut ziemlich fantasielose Holzhäuser errichtet wurden. Ab und an steht noch ein traditionelles Tipi dazwischen als einziger verbleibender äußerlicher Hinweis auf die Ursprünge der Bewohner. Letztere gehen vorzugsweise der Jagd nach und versorgen sich in einem kleinen Supermarkt mit dem Nötigsten. Dabei scheuen die Angehörigen der First Nations keineswegs vor moderner Technik zurück, im Gegenteil: Vor den Türen der Häuser parkt eine ganze Armada von Fahrzeugen. Neben dem obligatorischen Pick-up finden sich dort mindestens ein Quad, ein oder zwei Motorräder und natürlich mehrere Schneemobile. Ebenso dürfen die besten Freunde der Indianer nicht fehlen: Pferde bewegen sich überall frei im Ort, streifen nach Herzenslust über die Grundstücke und Wiesen, die einzuzäunen ohnehin niemand für nötig erachtet. Als wir Alans Haus gefunden haben, beobachten wir dahinter einen Mustang, wie er entspannt seinen Kopf in den Rauch eines kleinen Feuers

OBEN | Der Häuptling der Skownan First Nation, Chief Cameron Catcheway, hat sich extra für unser Treffen herausgeputzt. Den traditionellen Federschmuck sieht man sonst hier eher selten.

RECHTS | Der Nachwuchs der First Nations ist von der modernen Zivilisation eingenommen, ihr Alltag von Fernsehen, Computern und sozialen Netzwerken bestimmt. Die alten Stammessprachen und Gebräuche gehen langsam verloren.

hält, das nicht so richtig brennen will. Damit hält sich das Tier die lästigen Fliegen und Mücken vom Leib. Bei uns Menschen funktioniert die Mückenabwehr leider nicht so natürlich, konstatiere ich angesichts des klebrigen Sprays, das meine Arme, die Hände, das Gesicht und den Nacken bedeckt. Es ist von der stärksten frei verkäuflichen Sorte, wehrt dafür aber die kleinen Biester, die jeden Abend über uns herfallen, recht zuverlässig ab. Ganz ohne Stiche kommen wir jedoch nicht davon. Das gehört zum Gesamtpaket Wildnis einfach dazu.

Etwas abseits des Pferds lehnt ein futuristisch anmutendes Schneemobil an der Böschung, ganz offensichtlich Marke Eigenbau. Es misst etwa vier Meter in der Länge und trägt eine große, geschlossene Kabine mit kleinen runden Bullaugen, die Platz für vier Personen bietet. Am meisten erstaunt mich seine ergonomische Formgebung. Der Kettenantrieb verspricht höchste Geländetauglichkeit und lässt mich sogleich verwegene Gedanken spinnen: Das Fahrzeug wäre doch ein perfektes Expeditionsmobil für ein paar Abenteurer, etwa um von Alaska über die Beringstraße bis nach Russland zu donnern! Doch bevor ich in Versuchung gerate, unsere Reisepläne um ein paar alte Träume zu erweitern, hören wir einen schweren Dieselmotor herandröhnen. Alan lenkt seinen Pick-up routiniert in die Einfahrt, wirkt allerdings etwas überrumpelt. »Ich bekomme hier oben selten Besuch«, sagt er, lädt uns dann aber trotzdem zum Bleiben ein. »Stellt euren Truck gleich hier neben mein Haus, da könnt ihr euch mit Strom und Wasser versorgen.«

Schon bald kommen wir auf die Büffel zu sprechen, um die sich die Skownan kümmern. Alan legt seine Stirn in Falten und wiegt den Kopf hin und her: »Ich schätze, dass wir im Moment um die 200 Tiere dahaben, aber es wird schwer sein, die Büffel zu finden.« Als Grund gibt er die enormen Regenfälle der vergangenen Wochen an. »Das Gebiet, auf dem sich die Herde bewegt, ist 15 Quadratmeilen groß und derzeit komplett überflutet. Das wird keine leichte Aufgabe«, meint Alan, aber ich spüre dennoch, dass ihn die Sache reizt. »Wenn wir überhaupt eine Chance haben wollen, dann muss uns Paul weiterhelfen. Er ist der wahre Büffelkenner hier in der Gegend.«

Paul Marion wohnt allein auf der anderen Seite des Dorfes. Der 46-Jährige hat ein Erbe angetreten, das in Skownan Legende ist: Von seinem Vater Raymond spricht man nur als dem »Büffelflüsterer«. Raymond war es, der 1984 das erste Gehege für 30 Waldbüffel errichtete und in den Folgejahren die Büffelherden erfolgreich aufbaute. Sein Filius tritt seit 1996 in seine Fußstapfen. Als ein neuer Verantwortlicher für die imposanten Tiere gesucht wurde, konnte sich Paul unter neun Bewerbern durchsetzen. Schon im Alter von acht Jahren hatte er viel mit Rindern gearbeitet und war später etliche Jahre als Ranger im Reservat tätig. »Die ersten Jahre hat mein Vater alles gemanagt – und ich musste eine Menge lernen«, erzählt Paul fröhlich. Die meiste Zeit schaute er Raymond über die Schulter und stand ihm zur Seite, er besuchte aber auch mehrere Schulungen, um möglichst viel über den Waldbison in Erfahrung zu bringen. Diese Unterart des Amerikanischen Bisons ist üblicherweise größer als sein Bruder, der Präriebison, die ausgewachsenen Tiere können über 900 Kilogramm auf die Waage bringen und erreichen maximal 40 Lebensjahre, in freier Wildbahn allerdings deutlich weniger.

»In den letzten 30 Jahren hat sich die Herde stetig vergrößert. Und lange Zeit war das Auswildern unser größtes Problem. Wir hatten sogar Forscher aus der Stadt hier, die herausfinden wollten, wie man die Büffel in die Freiheit entlässt. Doch was wir auch versucht haben – nach einigen Wochen kamen die kleinen Gruppen zurück und standen wieder am Gehege.« Vater Raymond kam schließlich auf die Idee, auf der anderen Seite des Sees bereits im Frühjahr eine Umzäunung aufzubauen, in die etwa zehn Tiere gebracht wurden. Die Büffel blieben den ganzen Sommer auf diesem Areal und konnten sich so in Ruhe an die neue

RECHTS OBEN | Bereits die Zufahrt zum Büffelgebiet steht unter Wasser, was den Pick-up mit Allradantrieb, mit dem wir unterwegs sind, nicht an der Weiterfahrt hindert.

RECHTS UNTEN | Paul und ich, umschwirrt von (hier kaum sichtbaren) Pferdefliegen, schauen über einen breiten Wasserlauf, eine Folge des Hochwassers der letzten Wochen – von hier aus müssen wir zu Fuß weiter.

UNTEN | Ramona bei dem Versuch, sich vor Mücken und Fliegen zu schützen. Wenn man länger in diesen Regionen verweilt, kann man eine gewisse Resistenz entwickeln – sagen die Einheimischen.

Umgebung gewöhnen. Der große See hinderte sie daran, ins alte Gehege zurückzukehren. »Mit dem Einbruch des Winters bauten wir den Zaun wieder ab und ließen die Tiere einfach im offenen Gelände zurück. Die Herde wurde seither nie wiedergesehen.« Seit jener gelungenen Auswilderung schöpft Paul große Hoffnung. Über 400 Waldbüffel sollen inzwischen wieder die Jagdgründe im weiten Norden Manitobas bevölkern. »Die Herden gedeihen wirklich prächtig«, wiederholt Paul. »Ich schätze, dass in weniger als 50 Jahren wieder Zehntausende Waldbüffel in der Wildnis leben könnten.«

Gerne würden uns die Männer ihre Schützlinge zeigen, doch auch am nächsten Morgen sehen Paul und Alan nicht sehr zuversichtlich aus. Dennoch bereiten wir zielgerichtet die Suche vor. Der Plan ist, mit den Pick-ups bis ans Gehege zu kommen und dort die beiden Quads von den Ladeflächen zu hieven. Die geländegängigen Allradfahrzeuge sollen uns helfen, weiter ins Hochwassergebiet vorzudringen. Ohne diese zähen Schlammbeißer hätten wir dort überhaupt keine Chance. Wir packen noch ein paar Flaschen Wasser ein, Fernglas, Kameras und reichlich Mückenspray. Und dann geht es los, Ramona und ich mit zwei Ojibwa auf Büffelsuche.

Doch bereits die Anfahrt gestaltet sich schwierig. Wir kämpfen uns überflutete Straßen entlang, die deswegen eigentlich auch gesperrt sind. Tief sinken die Fahrzeuge im Schlamm ein. Alan und Paul manövrieren die Trucks trotz allem entspannt durch das tückische Gelände. Nach nur einer Stunde haben wir den Eingang zum Gehege erreicht. Mit der zentraleuropäischen Definition eines Geheges hat das freilich wenig zu tun: Das Areal umfasst eine Fläche von 15 Quadratmeilen und damit von etwa 3600 Fußballfeldern. Vor uns eröffnet sich reine Wildnis, in die keine Menschenhand eingreift. Selbst der Zaun hat hier und da Lücken. Die Büffel bleiben offenbar gerne in dem Gebiet. Groß genug ist es allemal, zerpflückt von vielen kleinen Bächen, größeren Wasserläufen, Sumpfgebieten, Wald, dichtem Unterholz, hohem Buschwerk und üppigen Grasflächen. Auch Paul ist angesichts der riesigen Fläche ratlos, wo er die Suche beginnen soll.

Unverzagt klettern wir auf die Quads und fahren auf gut Glück in diese Urwelt hinein. Mein Puls steigt schon nach den ersten hundert Metern. Jederzeit könnte jetzt plötzlich einer dieser mächtigen Bullen vor uns

HONDA

stehen! Doch weit gefehlt, kein einziger Büffel lässt sich blicken. Deshalb widme ich meine Bewunderung vorläufig den Quads. Es ist erstaunlich, was diese relativ kleinen Vehikel alles leisten können. Langsam rollen wir durch die morastigen Wälder immer bis zur nächsten Freifläche, wo Alan dann mit dem Fernglas die Waldränder absucht. Von einem dieser Aussichtspunkte aus sehen wir ein vollständig vom Wasser überflutetes Waldstück vor uns liegen. Paul bedeutet uns an diesem Punkt unserer Exkursion, dass es für ihn leichter sei, wenn er allein weiterfahre, um die Herde zu suchen. Wir bekommen während unserer Zwangspause Besuch von Hunderten Pferdefliegen, die eine Schwäche für schwarze Flecken haben und in den dicken Quad-Reifen offenbar den Vorhof zum Paradies wittern.

LINKS OBEN | Die Quads graben sich unermüdlich durch die überschwemmte Landschaft. Ohne diese Fahrzeuge hätten wir die Büffel wohl nie gefunden.

LINKS UNTEN | Als Paul sein Quad festfährt, beginnt eine anstrengende und schlammige Bergeaktion. Eine Stunde später sind wir wieder unterwegs – nur um wenige Hundert Meter weiter erneut ins Stocken zu geraten.

UNTEN | Die Ausscheidungen der Büffel sind noch frisch – trotzdem mussten wir für diesen Tag aufgeben.

LOGBUCH MARIO 5

07.07.2013 | SKOWNAN FIRST NATION | 51°49'49''N 99°32'31''W

Was habe ich als Kind nicht gerne Indianer gespielt! Zusammen mit meinem Bruder René ... wir schufen ganze Gebirgszüge aus Wolldecken, in denen sich die kleinen Gummi-Indianer verstecken konnten. Diese Plastikkrieger haben dann natürlich mit den weißen Soldaten gekämpft, aus einschlägigen Filmen als verlässliche Dauergegner bekannt. Die Streifen liefen praktischerweise gleich gegenüber unserer Wohnung, in der wir mit Mutter und den Großeltern lebten. Einmal pro Woche ging es also ins Kino. Ganz groß: Gojko Mitic, der Indianerheld vom Dienst in den DEFA-Werken der ehemaligen DDR. Rolf Hoppe gab da gern den Endgegner, typischerweise als bösartiger und korrupter Offizier einer Armee besetzt, die den Rothäuten permanent ans Leder wollte. Mein Bruder und ich haben diese Filme verschlungen. »Ulzana«. »Die Söhne der großen Bärin«. »Apachen«. Wir waren bei all diesen großen Abenteuern auf der Leinwand live dabei. Und so waren die Indianer für mich immer das Symbol für Freiheit schlechthin.

Nun bin ich auf die First Nation gestoßen, auf das Volk der Skownan, das wie alle anderen indigenen Völker von der Zivilisation einfach überrollt und eingehaust wurde. Dennoch versuchen diese Menschen, ihre Traditionen zu wahren. Viele scheitern daran, verfallen dem Alkohol. Doch in Menschen wie Paul und Alan sehe ich jenen stolzen Indianergeist heraufscheinen, den ich noch aus dem Kino kenne.

RECHTS | Büffel voraus! Alan und ich stehen nur etwa 20 Meter von einer um die 50 Tiere zählenden Waldbüffelherde entfernt. Adrenalin pur! Die Tiere gelten als die größten Landsäuger Nordamerikas.

UNTEN | Ramona durchwatet einen angeschwollenen Wasserlauf. Für die Fahrzeuge ist hier bereits Endstation.

GANZ UNTEN | Was die Fotos nicht sichtbar machen können, ist die quälende Mückenplage, aber immerhin zeigen sich die Spuren, die ihre Stiche hinterlassen: Meine Hände waren mehrfach dick angeschwollen.

Die Zeit verrinnt. Noch immer kein Zeichen von Paul. Alan wird unruhig: »Ich geh mal nach ihm sehen«, beschließt er und ist schon bald, mit hüfthohen Gummistiefeln durch den Wald staksend, in selbigem verschwunden. Ramona und mir bleibt nichts anderes übrig, als weiter den warmen Sommer und die Gesellschaft der lokalen Pferdefliegenpopulation zu genießen. Als die beiden Männer endlich zu Fuß angewatet kommen, ruft Paul schon von Weitem: »Wir kommen hier nicht weiter! Keine Chance.« Sein Quad steht festgefahren mitten im Wald, und wir müssen zu viert ackern, um es wieder freizubekommen. Eine Stunde lang hebeln wir mit langen Stämmen daran herum, kratzen den Schlamm zur Seite, drücken und rücken, bis wir das eingegrabene Gefährt schließlich mithilfe des anderen Quads wieder freischleppen können. Ramona und ich freuen uns wie kleine Kinder über diesen Erfolg. Alan legt zumindest ein leichtes Grinsen auf, und Paul bringt nur ein kurzes »Ja-so-ist-das-eben« über die Lippen. Indes kann kein Zweifel daran bestehen, dass den beiden unser kleines Abenteuer ebenfalls gefällt, eine willkommene Abwechslung.

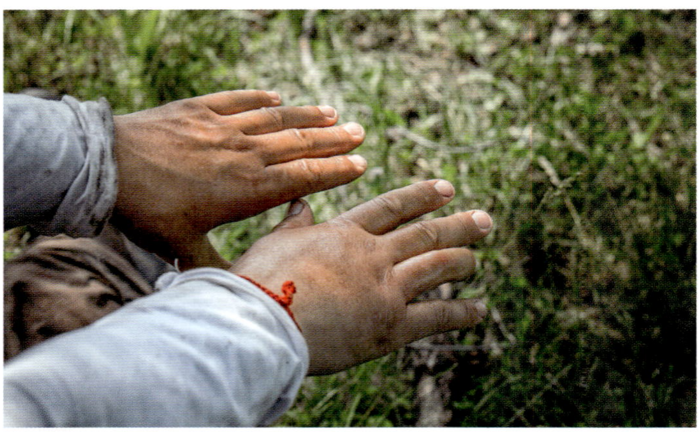

Direkt im Anschluss an diese schweißtreibende Aktion nehmen wir die Suche wieder auf, scheitern jedoch kurze Zeit später an einem angeschwollenen Bach. Unmöglich, hier durchzufahren. Doch Paul reklamiert: »Ich bin mir sicher, dass dort drüben ein Abschnitt liegt, in dem wir die Büffel finden könnten.« Wir müssen das Flüsschen also irgendwie überwinden und kommen darauf, eine Brücke zu bauen. Die Idee gefällt uns sehr gut, erfordert aber entsprechendes Material. Dicke Holzbohlen, zum Beispiel, wie sie in Pauls Haus lagern. Und schon fahren wir den ganzen Weg wieder zurück, laden die schweren Bretter auf die Pickups und ziehen sie mit den Quads schließlich bis zum überfluteten Bach. Dort schneidet Alan das Holz mit der Kettensäge zurecht, wir nageln noch ein paar Querleisten drauf und legen die fertige Holzbrücke einfach auf das langsam fließende Wasser. So leicht wie möglich und nur mit einer Person beladen, rattern die Quads über unsere Konstruktion, und siehe da, es funktioniert! Nach dieser anspruchsvollen Prüfung zeigt

sich das Gelände dann auch einsichtig und deutlich passierbarer. Und tatsächlich stoßen wir wenig später das erste Mal auf Büffelspuren. Ihre frischen Ausscheidungen verraten uns, dass die Tiere nicht weit entfernt sein können.

Für die Fahrzeuge aber ist nun endgültig Schluss. Das nächste Wasserhindernis rangiert bereits in der Kategorie Fluss. Und an dessen überschwemmten Ufern werden wir keine weitere Brücke installieren können. Doch wir scheinen nah an den Tieren dran zu sein, nur noch ein paar Kilometer vielleicht, meint Paul. Also gehen wir zu Fuß weiter. Langsam waten wir durch das Gewässer, das uns bis zum Bauchnabel umspült, die Fotokameras geschultert. Wandern noch ein paar Kilometer über feuchte Wiesen, und plötzlich, kurz vor einem Waldstück, hält Alan inne. Er legt den Zeigefinger an seine Lippen und deutet hinüber zum Wald. Ich konzentriere mich auf den dichten Birkenbestand und kann zwar noch keine Büffel sehen, aber zum ersten Mal höre ich sie. Kraftvolle Geräusche dringen zu uns herüber. Zwischen das laute Knacken der Äste, die unter ihren schweren Hufen wie Streichhölzer bersten, mischt sich ein dumpfes Grollen. Alan winkt uns heran. Er möchte die Suche für heute abbrechen: »Wir sind jetzt seit zwölf Stunden unterwegs, die Dämmerung hat bereits eingesetzt. Wenn wir jetzt versuchen, uns im Wald anzunähern, kann das gefährlich werden.« Zudem haben sich mittlerweile Myriaden von Mücken über den Grünflächen erhoben und machen das, was sie am besten können: Blut saugen.

OBEN | Der Boden unter unseren Füßen bebt, als die Büffelherde die Flucht ergreift. Die Tiere suchen wieder Schutz in dem riesigen Waldstück. Binnen weniger Minuten ist die Herde verschwunden.

RECHTS | Zurück bleibt nur ein Büffelkalb. Unsicher streift es umher und scheint den Anschluss an die Herde verloren zu haben. Kurze Zeit später entdecken wir den traurigen Grund: Einige Meter entfernt finden wir den Kadaver seiner Mutter.

Meine Hände sind, wie so oft, von den vielen Insektenstichen bereits dick angeschwollen. Es ist kaum zu glauben, aber wir haben uns mittlerweile praktisch daran gewöhnt. Tausende dieser unersättlichen Vampire umschwirren uns. Sie finden hier in den überschwemmten Gebieten ideale Bedingungen: Wasser, feuchte Wiesen und jetzt im Sommer angenehme 25 bis 30 Grad Celsius. Dazu als Bonus uns vier Warmblüter. Das ist eindeutig ihr Revier. Wir schützen uns, so gut es geht: lange Hosen und Shirts, welche den Oberkörper möglichst komplett bedeckt halten; Hände, Gesicht und Nacken förmlich getränkt von den verschiedensten Abwehrsprays. Trotzdem finden die Mücken immer wieder eine Lücke, und wir kommen nicht umhin, diese Spezies als unsere ständigen Reisebegleiter zu akzeptieren. Später werden es – deutlich angenehmer – Weißkopfseeadler sein, die regelmäßig über unseren Köpfen majestätisch ihre Kreise ziehen. Der Blick für die Natur und ihre Bewohner schärft sich. Die Wildnis beginnt uns einzunehmen.

LOGBUCH RAMONA 5

07.07.2013 | SKOWNAN FIRST NATION | 51°49'49"N 99°32'31"W

Ich wusste natürlich, dass die Indianer nicht mehr so sind wie früher. Das aber live zu erleben, ist noch mal eine ganze Ecke trauriger. Diese Umstände haben wirklich nichts mehr mit dem zu tun, was wir damit verbinden.

Aber ich habe auch eine Frau kennengelernt, Patricia, ich schätze, sie ist Mitte 30, die mich sehr an Pocahontas denken ließ: groß, schlank, stolz, lange schwarze Haare. Patricia geht fischen und jagen, sie hat mir erklärt, wie das Eisangeln funktioniert, und irgendwie ist sie für mich ein Zeichen dafür, dass vielleicht doch noch nicht alles verloren ist.

Am nächsten Tag setzen wir unsere Suche an genau der Stelle fort, wo wir am Abend zuvor die Büffel aufgespürt haben. Das vielstimmige Schnaufen und Krachen der Äste klingt noch in meinen Ohren, als mich Alan zu sich winkt. Wieder legt er den Finger auf die Lippen und bleibt bewegungslos stehen. Ich komme mir vor wie ein Indianer, der nach Tagen endlich seine heilige Büffelherde gefunden hat und sich nun langsam an sie heranschleicht. Als ich neben Alan stehe und durch die dichten Zweige eines Busches einen Blick riskiere, erstarre ich wie vom Donner gerührt. Unmittelbar vor uns liegt eine Herde von etwa 50 Tieren. Wir stehen mitten im Indianergebiet, keine 20 Meter von den größten Landsäugern Nordamerikas entfernt. Mein Herz schlägt bis zum Hals, keiner aus unserem Quartett gibt auch nur einen Laut von sich. Ich fühle mich wie in einer dieser typischen Szenen aus den Indianerfilmen meiner Kindheit: vor mir die Büffelherde und neben mir mein Blutsbruder Alan. Nur dass wir nicht auf der Jagd sind, zumindest nicht mit Pfeil und Bogen oder einer Winchester. Behutsam

RECHTS | Paul in einer seiner typischen Posen: die Zigarette im Mundwinkel und der Blick in die Ferne schweifend. Paul ist kein Mann von vielen Worten. Man glaubt zu spüren, dass ihn noch der Spirit seiner Vorfahren umgibt.

UNTEN | Die stark verwesten Reste eines Büffels. Millionen von Maden und Fliegen laben sich bereits an dem Kadaver – darum also ist das Kalb nicht mit der Herde weitergezogen.

beginnen wir zu fotografieren, Minuten vergehen. Bis sich langsam ein Tier nach dem anderen erhebt und die gesamte Herde schließlich geschlossen davonläuft, genau auf jenes Waldstück zu, in dem sie bereits am Vortag Schutz gesucht hat. Die Erde bebt unter den schweren Hufschlägen, und wir blicken mit einer gewissen Enttäuschung im Gesicht dem dumpfen Grollen hinterher, das allmählich verklingt. Uns ist klar, dass wir heute keine Waldbüffel mehr finden werden. Einmal aufgescheucht, kann so eine Herde meilenweit rennen, und es ist äußerst schwierig, sie in ihrem Lauf zu stoppen.

Doch das Glück verlässt uns nicht. Just in dem Moment, als wir uns anschicken, den Rückzug anzutreten, entdecken wir am Rande des Schlammlochs ein Büffelkalb. Zusammengekauert liegt es in einer Erdmulde. Alan und ich starren zu dem Kalb hinüber und bemerken dabei gar nicht gleich, dass Ramona sich bereits in der Hocke Schritt für Schritt dem Tier nähert, die Kamera schussbereit in der Hand. Und ein weiteres Mal gelingen ihr jene Aufnahmen, die man nur bekommt, wenn man es versteht, sich anzupirschen. Ich glaube, die Tiere spüren, dass Ramona sie liebt und von ihr keinerlei Gefahr ausgeht. Leider klappt das nicht immer, wie wir später noch herausfinden werden. Das Kalb jedoch liegt nahezu regungslos im Schlamm, bevor es sich langsam erhebt und sich verunsichert umschaut. Gemächlich trottet es schließlich der Herde nach, die schon seit etlichen Minuten im Wald verschwunden ist. In unmittelbarer Nähe der Lagerstätte des Kalbs finden wir kurz darauf den Kadaver eines ausgewachsenen Bisons, der sicherlich schon tagelang dort liegt. Er ist übersät von Maden und Fliegen, die mit der Zeit das komplette Tier auffressen und wieder in den Kreislauf der Natur zurückschleusen werden. Auch wenn ein solcher Anblick und der entsprechende Geruch gewiss nicht jedermanns Sache sind, so fühlen wir uns doch überwältigt. Vor allem als Paul uns erklärt, dass dies das Muttertier gewesen sein müsse. »Deshalb ist das Kalb liegen geblieben. Es fällt ihm schwer, sich von der Mutter zu trennen.« Aber es wird zu seiner Herde zurückfinden, da ist sich Paul sicher. Diese wird sich um das Kalb kümmern und es vor Räubern beschützen. Vor Wölfen etwa, die ab und zu versuchen, eines der Jungtiere zu reißen.

Zurück zu Hause gewährt uns Paul noch einige tiefere Einblicke in seine Seele. Vater Raymond ist dort sehr präsent, der ihm die Fürsorge für die Büffelherde

vererbte, als er vor zwei Jahren starb. Paul vermisst ihn, den wahren Büffelflüsterer, der alles über diese Tiere wusste und der oft mit seinem Sohn über das Land und die Traditionen der indigenen Bevölkerung sprach. Paul kennt die alten Bräuche, weiß, dass die Büffel ein Teil der Geschichte seines Volkes sind. »Von ihnen haben wir uns ernährt. Diese heiligen Wesen gaben uns Decken, und aus ihren Knochen fertigten wir Werkzeuge. Der Büffel war Teil unserer Sonnentänze und Zeremonien. Doch die Weißen haben versucht, alle Büffel zu töten, um uns auszurotten. Mit den Tieren sollten auch wir verschwinden, das war der Plan.« Paul nimmt einen tiefen Zug von seiner Zigarette, und mit einer gewissen Befriedigung in der Stimme schiebt er nach: »Und jetzt kommen wir zurück. Langsam.« Einfach wird das freilich nicht. Die Jugend spricht die alte Sprache nicht mehr, sie wachsen mit Internet und Smartphones auf und sind kaum noch interessiert an alten Traditionen. Doch das lässt Paul nicht verzagen. Er ist stolz darauf, auch im nächsten Jahr wieder ein paar Bisons in den Norden Manitobas umsiedeln zu können. »Ich muss immer darauf achten, genug Weibchen hierzubehalten. Platz wäre für etwa 500 Büffel, das heißt, die Herde könnte sich noch mehr als verdoppeln.« Sein Traum ist, dass sich unter diesem Zuwachs eines Tages ein weißer Büffel befindet. Denn die Alten sagen, dass die Toten im Körper eines weißen Büffels wiederkehren. Spätestens dann ist auch das spirituelle Büffelwesen zurück bei den Skownan und Paul seinem Vater vielleicht wieder etwas näher.

WOLFSBLUT

»Die Welt hat genug für jedermanns Bedürfnisse, aber nicht für jedermanns Gier.«

MAHATMA GANDHI

Wer Kanada von Ost nach West durchquert, kommt an den Rocky Mountains nicht vorbei. Die imposante Bergkette zieht sich in nahezu exakter Nord-Süd-Ausrichtung über fast 5000 Kilometer von British Columbia in Kanada bis New Mexico in den USA. Der mit 4401 Metern höchste Berg heißt Mount Elbert und liegt in Colorado. Ihn können wir von unserer Route aus nicht erspähen, doch die Felsen wachsen auch hier beachtlich in die Höhe und ziehen bereits Dutzende Kilometer vorher unseren Blick in ihren Bann.

Am späten Nachmittag erreichen wir Jasper. Die Ortschaft hat etwas mehr als 3500 Einwohner und empfiehlt sich als guter Ausgangspunkt für einen Trip in die Rockies. Noch am selben Abend machen wir uns, frisch verproviantiert, auf den Weg. Wir nehmen den Icefields Parkway gen Süden. Dieser 230 Kilometer lange Abschnitt soll zu den schönsten Fernstraßen auf dem Globus gehören. Es geht steil hinauf in die Berge. Plötzlich steigt uns der Geruch verbrannten Öls in die Nase, und der Motor meldet steigende Temperaturen. Später finde ich heraus, dass zu wenig Öl im Motorblock war und dies dank der enormen Steigungen nach hinten lief. Glücklicherweise kommen wir mit einem kurzen Schrecken davon. Der alte Achtzylinder hält durch und schnauft die steile Piste hinauf, sodass wir noch am selben Abend wohlbehalten das Columbia-Eisfeld erreichen – die größte Ansammlung von Eis südlich des Polarkreises. Zwischen 100 und 365 Meter stark soll dieser mächtige Eispanzer sein. Der Gletscher liegt an der nordamerikanischen Wasserscheide und speist mehrere große Flüsse, die nach Osten in Richtung Hudson Bay abfließen und also in den Nordatlantik, nach Westen in den Pazifik und nach Norden in den Arktischen Ozean. Das Eisfeld wird von den höchsten Gipfeln der kanadischen Rockies malerisch eingerahmt, die ganz solidarisch ebenfalls Dutzende Meter dicke Eismützen tragen. Es ist aufregend schön, hier oben, wo pro Jahr sieben Meter Schnee fallen, eine sternenklare Nacht zu verbringen.

Am nächsten Morgen rollen wir weiter in Richtung Pazifik, passieren das kleine Nest Golden und steuern auf einer gut befahrenen Bergstraße Vancouver an. Plötzlich sehe ich ein Schild an mir vorbeihuschen: »Wolfe Center«. Wie immer brauche ich eine kleine Weile, um einen Entschluss zu fassen. Doch dann wende ich den Wasserwerfer – ich möchte der Sache auf den Grund gehen. Während die Wölfe aus Europa nahezu verschwunden sind und dort nur langsam wieder Einzug halten, gibt es in Kanada noch über 50 000. Für mich stellt sich die Frage, ob denn vom Wolf tatsächlich eine Gefahr für uns Menschen ausgeht. Ist er wirklich das gefährliche Raubtier, aggressiv und hinterlistig, das wir aus unzähligen Geschichten kennen?

LINKS | Scrappy Dave, ein sehr neugieriger junger Wolf, der in seinem Rudel noch die Nummer zwei ist – vielleicht aber übernimmt er bald die Führung. Wir sind diesem hübschen Exemplar auf unserer Tour durch die kanadischen Rocky Mountains begegnet.

Die Antworten finden wir am Ende einer Dreckstraße, die uns an Labrador erinnert. Hier, kurz hinter Golden in den Ausläufern der Rocky Mountains, betreiben Casey und Shelley Black ihr Northern Lights Wolfe Center. Wenige Nachbarn, viel Platz und ein paar neugierige Besucher. Eine kleine Gruppe lässt sich vor dem Wolfsgehege gerade von einer freiwilligen Helferin über das Verhalten und die Gewohnheiten der Tiere informieren. Acht Wölfe leben derzeit in den Gattern. »Begonnen hat das alles vor 15 Jahren, als ich mich auf die Suche nach einem Wolf machte«, setzt Casey an. »Ich habe schon immer Hunde geliebt. Mir fiel es schwer zu verstehen, dass die Menschen zwar Hunde lieben, Wölfe aber hassen und töten.« In den Weiten von Alberta sei er schließlich fündig geworden – zwei Wölfe. Casey plante ursprünglich, die beiden auszubilden, um mit ihnen in der Film- und Fotobranche zu arbeiten. Damals hatte er noch keine Intentionen, sich für die Aufklärung in der Öffentlichkeit einzusetzen. Doch das intensive Zusammenleben mit den Tieren, das Beobachten ihres Sozialverhaltens und die vielen Gespräche mit den Menschen nebst ihrer Angst vor Wölfen brachten ihn bald dazu, genau diese Richtung einzuschlagen. Über einhundert Schulen besuchen die beiden pro Jahr. Dann haben sie natürlich auch immer einen richtigen Wolf dabei. »Die Kinder kommen in direkten Kontakt mit den Wölfen, das schafft Sensibilität, und eine solche Begegnung werden sie nie vergessen.« Die Tiere seien sehr sozial und intelligent. In der täglichen Beschäftigung mit ihnen haben Casey und Shelley nicht nur Liebe, Leidenschaft und Respekt diesen Raubtieren gegenüber entwickelt, sondern auch das Gefühl, genau das Richtige zu tun.

Bevor Casey weitererzählen kann, klingelt das Telefon. Nur etwa 80 Kilometer entfernt soll eine tote Hirschkuh im Straßengraben liegen. »Ich muss mich beeilen«, ruft er uns zu. »Das bedeutet kostenloses Futter für die Wölfe!« Da unsere Augen vor Spannung aufleuchten, winkt er nur kurz. »Ihr könnt gern mitkommen, ich kann jede Hand gebrauchen.« Auf der Fahrt plaudert Casey munter weiter über das Thema seines Lebens. »Die Wölfe haben mehr mit uns Menschen gemein als jedes andere Tier dort draußen«, stellt er seine These auf. »Es gibt so viel von ihnen zu lernen. Wir müssen uns nur zurücklehnen und sie beobachten. Dann werden wir uns selbst besser verstehen.« Deshalb sei auch das Wolfszentrum so wichtig. Regelmäßig kommen Besucher vorbei, ganze Schulklassen werden hier über die Wölfe und deren Verhalten informiert. »Es ist wichtig, den Jugendlichen die wahre Natur der Wölfe zu vermitteln. Diese Tiere sind keine Dämonen. Es ist wirklich erstaunlich, wie die Menschen reagieren, wenn sie mehr über diese schlauen Räuber erfahren.« Sie würden, so Casey, beginnen, ihre Herzen für die Wölfe zu öffnen, inspiriert durch eine etwa einstündige, klug portionierte Mischung aus dem unmittelbaren Beobachten ihres natürlichen Verhaltens und wohldosierten Zahlen und Fakten. »Nur darum geht es.« Casey und Shelley sind sich sicher, dass ihre Arbeit etwas bewirkt. »Wir können zwar nicht jeden erreichen, aber wir wissen, dass all jene Menschen, die wir in den letzten zwölf Jahren erreichen konnten, ihre Meinung zu den Tieren geändert haben.«

Dabei schaut Casey auch gern auf größere Zusammenhänge. Er interessiere sich sehr für unsere Umwelt, die Erde als Ganzes und alles, was darauf lebt. »Inklusive der Menschen«, fügt er schmunzelnd hinzu. Und relativiert sogleich: »Wobei … über die Menschen habe ich meine ganz eigene Meinung.« Aus seiner Sicht nimmt der Mensch immer eine negative Rolle ein, wenn es um den Umgang mit der Natur und den Tieren geht. Casey macht eine bedeutungsvolle Pause. »Deshalb machen wir uns für die Tiere stark. Sie haben keinerlei Stimme in diesem Getriebe der Zivilisation. Mein Ziel besteht darin, ihnen eine Stimme zu geben.« Und damit meint er wieder explizit die Wölfe – ohne freilich alle anderen Tiere davon auszunehmen. »Sieh mal: Wenn du hier in Kanada ein Reh oder einen Elch jagen willst, dann brauchst du dafür eine Erlaubnis. Bei Wölfen aber ist das nicht erforderlich. Sie können das ganze Jahr über geschossen werden, trächtige Tiere, junge Wölfe und Mütter, die Junge haben. Das alles spielt keine Rolle. Bei Wölfen gibt es keinerlei Einschränkungen. Dabei werden die Wölfe heute fast nur noch

VORHERGEHENDE SEITEN | Auf dem Weg durch die Rocky Mountains. Die bereits tiefstehende Sonne legt einen besonderen Glanz auf die Berge, und der riesige alte Wasserwerfer wirkt wie ein Spielzeugauto in dieser grandiosen Landschaft.

LINKS | Casey und Shelley Black vor ihrem Haus bei Golden, British Columbia. Die beiden Naturliebhaber setzen sich für die stark gefährdeten Wölfe ein und betreiben nun schon seit über 15 Jahren das Northern Lights Wolfe Center – für uns ein lohnender Abstecher auf dem Weg nach Vancouver.

OBEN | Alltag im Wolfe Center: Der bereits in Verwesung begriffene Kadaver einer Hirschkuh wird mit vereinten Kräften auf den Hänger gezogen.

RECHTS | Ein süßlich beißender Geruch zieht in unsere Nasen, als Casey beginnt, den Kadaver aufzuschneiden – selbst Shelley ist nicht wirklich begeistert. Anders die Wölfe, die hörbar laut werden. Im Gehege sortiert sich das Rudel in Erwartung des Festessens bereits nach der Rangordnung.

aus Spaß gejagt. Die Pelzindustrie ist rückläufig, die Preise sind am Boden. Da lohnt es sich nicht mehr, Fallen zu stellen oder aufwändig auf Wolfsjagd zu gehen«, redet sich Casey zunehmend in Fahrt. Vor allem der Sportjagd würden die Wölfe und viele andere Tiere zum Opfer fallen. Das habe viel mit der Einstellung der Jäger zu tun, setzt er nach. »Manche schießen einfach auf alles, was sich bewegt.« Verständnislos und entrüstet schüttelt er den Kopf. »Letzten Herbst zum Beispiel bin ich am Columbia River wandern gewesen und traf auf einen Jäger. Der hatte das Gewehr locker über der Schulter und erzählte mir, dass er gerade zwei Kojoten abgeknallt hätte. Angelockt hat er sie mit einem Geräusch, das Raubtiere magisch anzieht, ob Füchse, Wölfe, Kojoten, Adler oder Eulen.« Casey imitiert den Ruf eines verletzten Hasen. »In diesem Fall waren eben zwei Kojoten auf der anderen Seite des Flusses aufgetaucht. Der Typ hat sie dann einfach erschossen und liegen gelassen. Verstehst du? Er wollte nicht erst auf die andere Seite des Flusses, um sie zu holen. An diesem Tag waren es zwei Kojoten, die einfach aus Spaß abgeknallt wurden, ein andermal sind es Wölfe oder Bären.«

Es ist dem kräftigen Mann unbegreiflich, warum wir Menschen so mit den Tieren umgehen. »Ich glaube, wir haben den Kontakt zur Erde schon lange verloren. Früher kannten die Menschen 150 Pflanzenarten, sie wussten, wie sie mit den Sternen navigieren, und sie achteten die Tiere. Heute töten wir sie aus purer Freude. Es bringt keinerlei Nutzen, wir essen sie nicht einmal. Was für eine unsägliche

Kurzsichtigkeit! Es gibt genug auf diesem Planeten für alle, wir müssen nur beginnen zu teilen. Und wir müssen es von uns aus tun, ohne dazu aufgefordert oder gezwungen zu werden.« Kanada ist ein riesiges Land, hat aber nur 36,5 Millionen Einwohner, von denen die meisten innerhalb eines rund 200 Kilometer breiten Streifens an der Grenze zu den USA leben. Der Rest des Landes ist lediglich schwach besiedelt und von gewaltigen Flächen Wildnis geprägt. »Hunderttausende Quadratkilometer Land – und dort leben schätzungsweise 50 000 Wölfe – mehr nicht. Ich sage dir, die Umwelt Kanadas stirbt mit der Wirtschaft, die die Ressourcen des Landes gnadenlos ausbeutet. Alles, was hier gemacht wird, ist: Bäume fällen, Minen ausheben und tiefe Löcher in die Erde bohren.«

Die Ankunft an der Stelle, wo die Hirschkuh liegen soll, unterbricht unser Gespräch und Caseys Appell. Wir müssen nicht lange suchen und entdecken den leblosen Körper schon nach wenigen Minuten im Graben, wie beschrieben. Es riecht nach Verwesung, die Kuh liegt offenbar schon ein paar Tage. Casey schiebt seinen Hänger direkt vor den Kopf des Tieres, und einige Handgriffe später haben wir den schweren Kadaver mit vereinten Kräften auf die Ladefläche gezerrt. Zurück in Golden, macht sich Casey sofort daran zu schaffen. Er scheint keine empfindliche Nase zu haben, vielleicht ist es auch einfach nur Gewöhnung, denn der Gestank breitet sich schnell aus und wird nicht nur für uns zu einer Herausforderung. Auch die Wölfe wittern das bevorstehende Fressen.

Die Fütterung verursacht erst einmal ein großes Chaos, zumindest kommt es uns so vor. Die Redewendung »hungrig wie ein Wolf« trifft das Spektakel recht gut. Aufgeregt rennen die Tiere umher, können es kaum erwarten. Eine gute Chance für uns, ihr Sozialverhalten zu beobachten. Auch ohne Erfahrung sehen wir, wie sich die Körpersprache der Tiere verändert. Die Alten dominieren die Jungen. Das scheinbare Durcheinander folgt in Wirklichkeit genau der Rangordnung im Rudel. Dabei gehen die Tiere überraschend schlau vor. Am Ende bekommt jeder etwas von der Beute ab. Den Anfang macht Whily, die unbestrittene Nummer eins im Rudel. Der starke Rüde zieht die Hirschkeule sofort zu sich und beginnt zu fressen. Wölfe schlingen ihr Futter sehr schnell hinunter. Whily schafft es daher relativ mühelos, innerhalb weniger Minuten stolze zehn Kilogramm Fleisch zu fressen. Die im Rang weiter unten stehenden Weibchen ziehen sich indes zurück. Dave, ein junger Rüde, ist mutiger. Er schleicht sich unterwürfig an den Leitwolf heran, kriecht dann förmlich um die Keule herum und versucht so, seinen Teil der Beute zu ergattern.

Während wir das Fressgelage beobachten, tritt Casey neben uns und lächelt wissend. »Gar nicht so einfach, die Wölfe zu studieren. Tatsächlich wissen wir nur sehr wenig über diese Tiere. Wie sie fressen, wie sie jagen, gut. Ich sehe da aber auch ein sehr emotionales und soziales Tier. Es gibt – wie auch bei uns – familiäre Strukturen mit Mutter und Vater, Bruder und Schwester, und sie alle leben zusammen und passen aufeinander auf.« Casey stellt diesen Vergleich gerne an, immer wieder setzt er in seinen Ausführungen menschliches und wölfisches Verhalten in Beziehung zueinander, verweist auf die Komplexität ihrer Wesen und die daraus folgende Schwierigkeit jeder Analyse. Denn im Gegensatz zu den äußerst mitteilsamen Menschen seien die Raubtiere sehr scheu. Wenn man nun bedenkt, dass ein Rudel von acht Wölfen 24 Stunden am Tag zusammen ist, und das 365 Tage im Jahr, dann stellen die paar Stunden, die wir die Wölfe in freier Wildbahn erleben dürfen, nur einen winzigen Bruchteil ihres Lebens dar. »Ich selbst hatte nur etwa acht Mal die Gelegenheit, freilebende Wölfe zu beobachten«, unterstreicht Casey. »Und das empfinde ich als ein großes Geschenk.« Neugierig seien die Isegrime, aber auch vorsichtig. »Sie kamen nie sehr nahe ran. Und nein, sie sind keine Gefahr.« Er fährt fort und erzählt, dass sie keine Menschen angreifen würden: »Das sind alles Geschichten aus dem Fernsehen, Mythen und Märchen. Die Wölfe sind nicht hinter uns her, wir stehen nicht auf ihrer Speisekarte. Wäre es so, sähe die Welt vermutlich ein ganzes Stück anders aus.« Denn gegen diese ausgezeichneten Jäger – und Wölfe sind beileibe nicht die einzigen, die die irdi-

LINKS OBEN Der Leitwolf Whily darf zuerst an die zentnerschwere Keule. Der junge Rüde Dave schleicht derweil unterwürfig um ihn herum und wartet auf seinen Moment.

LINKS UNTEN | Im Nachbargehege werden noch Rangordnungskämpfe ausgetragen. Der Aggressionspegel ist hoch, aber schwere Verletzungen gibt es bei diesem Gerangel nicht.

RECHTS OBEN | Whily, der Leitwolf, bemerkt, dass Casey das Gehege betreten hat, und scheint nicht begeistert. Er zieht die Lefzen hoch – ein Ausdruck des Unbehagens, den wir immer wieder beobachten.

RECHTS MITTE | Shelley streichelt Whily über den Kopf, obwohl sein ganzer Körper Anspannung ausdrückt. Es wäre ein Leichtes für den Leitwolf, Shelley anzugreifen. Zum Glück wissen die Wolfexperten genau, was sie tun.

RECHTS UNTEN | Dem jungen Rüden Dave gefällt die Störung nicht – die Körpersprache ist eindeutig. Tatsächlich attackiert er wenig später die Kamera.

sche Fauna zu bieten hat – hätten wir ziemlich schlechte Karten. Als Beispiel nennt er den Hai: Wäre der Mensch Teil des Beuteschemas, müssten die Haie nur in der Nähe der Strände warten und sich den nächstbesten saftigen Badegast schnappen. »Tiere lernen sehr schnell, wo es Futter gibt. Aber nein, der Hai macht es sich lieber etwas schwerer und stellt Robben oder anderen Fischen nach.« Und so verhält es sich auch mit den Landraubtieren, ob Bär, Puma oder eben Wolf. Keines hat den Menschen zum Fressen gern.

»Es ist aber schon vorgekommen, dass ein Wolf einen Menschen angreift, und das nicht nur ein einziges Mal in der Weltgeschichte«, wende ich ein. Casey nickt. »Natürlich. Aber diese Wölfe sind meist vorher an die Menschen gewöhnt worden. Sie wurden vielleicht über Jahre von den Menschen gefüttert und haben ihre Angst verloren. Oder sie haben gelernt, dass es in der Nähe von Siedlungen reichlich Futter gibt, und treffen dadurch regelmäßig auf Menschen.« Ganz ähnlich hatte es auch Mike McIntosh formuliert, nur dass es bei ihm um Bären ging. Und als hätten sich die beiden Männer abgesprochen, befindet Casey abschließend: »Normalerweise gewinnt letztendlich der Mensch, denn irgendjemand wird den Wolf erschießen.«

Das große Fressen im Gehege ist derweil immer noch im Gange. Dave umschleicht weiter den Leitwolf. Casey mischt sich nun in die Szene ein. Er hat sich eine kleine Kamera an einen Stock gebunden, tritt ins Gehege und versucht, ein paar Nahaufnahmen von den Tieren zu machen, während Shelley ihm zur Seite steht. Der Leitwolf wird sofort aufmerksam, schaut zu Casey herüber, fletscht kurz die Zähne, macht sich aber direkt wieder über das Fleisch her. Der junge Rüde indes geht auf Distanz zu dem sich langsam nähernden Casey. Schon hat sich das junge Männchen deutlich vom Futter entfernt und gibt mit einer recht aggressiv wirkenden Haltung zu verstehen, dass es diese Störung überhaupt nicht mag. Dann, nach ein paar Scheinattacken, springt der Wolf plötzlich in Sekundenbruchteilen auf und beißt in die Kamera, die Casey auf ihn gerichtet hält. Kaum ist dieser Schreck vorbei, reagiert auch der Leitwolf erneut auf Casey. Er drängt ihn in die Ecke. Instinktiv spüre ich, dass hier etwas nicht normal läuft. Casey weist Shelley an, den Leitwolf abzulenken. Shelley redet auch sogleich auf Whily ein, bis der sich wieder von Casey wegbewegt. Ich bin überrascht, wie nahe die beiden Wolfliebhaber an die Tiere herangehen und wie schnell wieder, nach diesem doch recht feindlich wirkenden Intermezzo, Ruhe einkehrt. Shelley streichelt inzwischen liebevoll dem Leitwolf über den Kopf, obwohl dieser noch immer die Lefzen hochzieht. Auch Casey denkt gar nicht daran, das Gehege zu verlassen. Als

Canis Lupus
Grey Wolf

sei die Welt in schönster Ordnung, springt er munter dort herum und streichelt seinerseits nun Dave, der sich mittlerweile wieder beruhigt zu haben scheint. Später klärt Casey uns auf: Dies war eine deutliche Demonstration, wie sich unser Verhalten auf die Wölfe auswirkt. Im Gehege und speziell beim Fressen fühlen sich die Tiere schnell bedrängt. Dann kann es auch ernst werden.

In freier Wildbahn könne man bei den Wölfen wiederum ein ganz anderes Verhalten beobachten. Casey und Shelley bringen ihre Tiere regelmäßig in die umliegenden Wälder. Heute gehen sie mit Dave und der Wolfsdame Maya hinaus. Erstaunlicherweise haben die Tiere aber keine große Lust auf einen Ausflug. Nur mit enormem Aufwand ist Maya überhaupt ins Auto zu bekommen. Shelley hebt den schweren Wolf auf den Rücksitz und lächelt: »Sie mag das Autofahren nicht.« Beide Wölfe werden in den Fond des Geländewagens gehievt, und erst jetzt können wir sehen, wie groß die Tiere tatsächlich sind. Wölfe wiegen bis zu 80 Kilogramm und erreichen eine Schulterhöhe von etwa 80 Zentimetern. Im Wald dürfen Dave und Maya dann frei herumlaufen. Wir sind merklich davon beeindruckt, dass ein Tier, das bis zu 60 Kilometer pro Stunde schnell laufen kann, keinerlei Anstalten macht, die Gunst der Stunde zu nutzen und abzuhauen. Diese beiden Wölfe haben noch nie in Freiheit gelebt, erläutert Shelley. Sie wurden vor Pelzfarmen und somit vor dem sicheren Tod gerettet. »Es waren einmal acht Geschwister. Dave und Maya kamen ins Wolfe Center, und ein weiteres Jungtier ging an einen Zoo. Die restlichen fünf aber leben heute nicht mehr.« Man habe sie an Pelzfarmen veräußert. Dort mögen sie vielleicht noch zwei bis drei Jahre ihr Dasein gefristet haben, bevor sie als Pelze irgendwo auf dem Ladentisch gelandet sind. Shelley redet nicht gerne darüber, die Geschichte macht sie traurig. Vielleicht vor allem deshalb, weil sie sich ständig wiederholt. »Diese Pelze werden doch gar nicht mehr gebraucht in unserer modernen Zeit. Und trotzdem gibt es diese Art von Pelzzucht immer noch.«

Wie hatte es Casey im Auto gesagt? Wir haben den Kontakt zur Erde verloren. Auch Kanada ist nicht mehr der absolut grünste Platz auf diesem Planeten. Es gibt viele Probleme, die zu lösen das Vermögen eines einzelnen Menschen weit übersteigt. Doch die beiden Blacks aus der Nähe von Golden hoffen, dass sie mit ihrem Tun trotzdem etwas ändern können. Dass sie mit der harten und entbehrungsreichen Arbeit, der sie seit 15 Jahren nachgehen, zumindest ihren Teil dazu beitragen, die Welt ein bisschen besser zu machen. Tausende Menschen sind durch das Wolfzentrum nun bereits in Kontakt zu diesen besonderen Tieren getreten, und es gibt Veränderungen, aber längst noch nicht in ausreichendem

LINKS OBEN | Regelmäßig unternehmen Shelley und Casey mit ihren Wölfen Ausflüge in die freie Wildbahn. Die Wölfin Maya ist bereits lange im Rudel. Mit 16 Jahren gehört sie zu den ältesten der acht Wölfe, die im Center zu Hause sind. Erstaunlicherweise ist sie nicht besonders scharf auf den Ausflug, und Shelley muss nachhelfen.

LINKS UNTEN | Als der junge Rüde Dave einen neugierigen Blick aus dem Autofenster wirft, wird uns erst richtig klar, wie groß diese Tiere tatsächlich sind.

RECHTS | Während Dave im Hintergrund noch abwartet, kommt Maya in Pirschhaltung auf uns zu. Für uns ist es schwer, das Verhalten der Wölfe richtig einzuschätzen.

UNTEN | In freier Wildbahn sind die Tiere wie ausgewechselt. Dave legt seine Tatzen freundlich auf Ramonas Schultern. Fast vergisst man den wilden Wolf, der eben noch sein Fressen verteidigt hat.

FOLGENDE SEITEN | Ein Wolf in der Wildnis Kanadas – seinem ursprünglichen Revier und natürlichen Zuhause. Doch der junge Rüde Dave hat noch nie in Freiheit gelebt. Er kam von einer Pelzfarm ins Wolfe Center.

Maße. Denn es geht nicht nur um die Wölfe. Die ganze Erde leidet unter unserer unersättlichen Gier nach permanentem Mehr. Wir müssen nachdenken, wie sich unser Tun auf die Zukunft auswirkt. In den 1930er-Jahren konnten wir noch aus den Seen und Flüssen trinken, heute geht das nicht mehr. Alles ist irgendwie belastet oder verseucht. Wir können so nicht weitermachen, die Unterwerfung jeglichen Denkens und Tuns unter ein rein wirtschaftliches Prinzip kann nur in einer Sackgasse enden. Produktion und Konsum sind nicht das Maß aller Dinge!

»Vielleicht war es schon immer so«, sagt Casey betrübt. »Es geht heute nur alles noch viel schneller den Bach runter. Heute haben wir das ganze Wissen und auch die Technologie, um besser im Einklang mit der Natur zu leben, aber wir tun es nicht. Es gibt keine Hoffnung für die Menschheit, solange wir uns nicht gegenseitig lieben können.« Und auch Shelley fleht eindringlich: »Die Welt muss verstehen, dass wir die großen Raubtiere nicht einfach abschießen dürfen! Wir müssen die Jagdregeln einschränken. Kanada trifft heute keine Entscheidungen ohne europäische Zustimmung. Ich schäme mich als Kanadierin, die Welt um Hilfe anzurufen. Kanada ist ein noch sehr junges Land – wir sollten doch alles haben. Es ist sehr traurig, wie wir einfach alles vernichten, extrem traurig.« Shelley schießen die Tränen in die Augen. Sie wird still, dreht ihren Kopf zur Seite und schaut sehnsuchtsvoll zu ihren Wölfen hinüber. Whily liegt zufrieden neben seiner halb abgefressenen Keule und schläft. Er weiß nichts von den Sorgen eines Casey und einer Shelley, aber er weiß, dass es ihm bei den beiden gutgeht, ihm und seinem Rudel. Und wir sind gottlob nicht die letzten Menschen, die mit dieser Erkenntnis das Northern Lights Wolfe Center in Golden, British Columbia, wieder verlassen und beschließen, die Geschichte vom überhaupt nicht bösen Wolf jedem zu erzählen, den wir treffen.

LOGBUCH MARIO 6

23.07.2013 | NORTHERN LIGHTS WOLFE CENTER | 51°24'47"N 117°00'35"W

Die Geschichte vom bösen Wolf wurde mir mein Leben lang erzählt, im Fernsehen gezeigt oder als Puppentheater vorgeführt. Der Wolf ist böse. Das war schon immer so. Ich wusste das als Kind und trage dieses Mantra heu-

te noch mit mir herum. Der Wolf frisst die Großmutter, und die Geißlein gleich noch mit. Aber das ist nur eine Geschichte. Ein Märchen, das nichts mit echten Wölfen zu tun hat. Die konditionierte Angst vor dem Wolf wurzelt tief im Menschen, solange man nichts über die Tiere weiß. Und ähnlich wenig wie über Bären wusste ich bisher über Wölfe. Shelley und Casey hingegen wissen so ziemlich alles. Es berührt mich zu erleben, mit welcher selbstvergessenen Liebe und Hingabe sich die beiden dieser Spezies annehmen, die immerhin auch die unmittelbare Verwandtschaft meiner treuen Gefährtin Sunny stellt. Heute bin ich ein altes Vorurteil endgültig losgeworden. Nichts haben wir von Wölfen zu befürchten!

LOGBUCH RAMONA 6

23.07.2013 | NORTHERN LIGHTS WOLFE CENTER | 51°24'47"N 117°00'35"W

Am Anfang bin ich sehr zwiegespalten, als wir das Wolfe Center betreten. Alles ist eingezäunt, man muss Eintritt bezahlen. Da habe ich einfach Vorurteile, weil ich Tiere lieber in Freiheit sehe. Doch nachdem wir mit Casey und Shelley gesprochen haben, hat sich meine Meinung geändert. Die beiden vertreten eine echte Mission, was mich stark beeindruckt hat. Der eigentliche Kontrast ist, dass wir einerseits diese wunderschönen Landschaften sehen, andererseits aber auch überall die gruseligsten Geschichten darüber hören, was der Mensch alles gnadenlos zerstört. Das muss ich erst verarbeiten.

EIN TREIBHOLZ AUF DEM YUKON

»The sun is coming up
to shine in my coffee cup.
The only way to shine in.
The first coffee by myself,
the first, with no one else.«

COFFEE CUP | DRIFTWOOD HOLLY

Der Yukon atmet seinen Morgen aus: Leichte Nebelschwaden liegen träge auf dem Wasser, die kalte Herbstsonne gleißt auf den kaum spürbaren Wellen. In aller ehrfurchtgebietenden Stille zieht sich der Indian Summer zurück, nur dann und wann schickt ein Rabe sein trockenes Krächzen aus den dichten Baumwipfeln hinter dem Camp, das nun ebenfalls langsam erwacht. Etwa zwanzig Kilometer vor der alten Goldgräberstadt Dawson, eine Stunde den Fluss hoch, schälen wir uns aus den Schlafsäcken. Mit der klaren Nacht hat der Frost bereits Einzug gehalten.

Lang war auch unsere Reise bisher, denke ich und nehme einen tiefen Zug von der kühlen, reinen Morgenluft. Vom Wolfe Center in Golden aus waren wir erst noch eine Weile westwärts unterwegs, haben dann wie schon zuvor die großen Städte – in diesem Fall Vancouver – links liegengelassen und sind auf Kurs Nordnordwest abgedreht. Die rund 3000 Kilometer bis Dawson City ließen sich zügig bewältigen und hielten keine besonderen Vorkommnisse bereit. Um ehrlich zu sein, wir sind solchen Situationen auch bewusst aus dem Weg gegangen, denn wir wollten nun endlich Driftwood Holly treffen, der uns ja unmissverständlich zu sich eingeladen hat. Die Anreise kann sich sehen lassen: Mit allen Abstechern haben wir die 10 000-Kilometer-Marke geknackt, ohne dass der Truck Probleme bereitet hätte. Auf der Route dann: ein Wal, Eisberge, Bären, Einsiedler, Büffel, Wölfe. Unser Wildnis-Schnupperkurs hat sich zum Abenteuer gemausert. Aber ich habe das leise Gefühl, dass uns der abenteuerlichste Teil erst noch bevorsteht.

LINKS | Der sächsische Aussteiger Holger Haustein alias Driftwood Holly im Gespräch mit Ramona. Die Wiesen um Hollys altes Blockhaus in der Nähe von Dawson wachsen üppig in den beiden Sommermonaten – eine Kulisse mit besonderem Flair.

UNTEN | Das Pit in Dawson City ist legendär. Auch heute noch geht es dort laut und lustig zu. Eine willkommene Abwechslung nach den Tagen in der Wildnis – und eine der urigsten und authentischsten Kneipen in der alten Goldgräberstadt am Yukon.

LOGBUCH RAMONA 7

30.08.2013 | DAWSON CITY | 64°03'00.0"N 139°25'00.0"W

Ich bin auf dem Land groß geworden und denke, dass ich naturverbunden bin; aber das ist total weit weg von dem, was wir hier machen. Es kommt mir alles so irreal vor. Für mich ist alles wahnsinnig beeindruckend – aber wie soll es auch anders sein, zum ersten Mal in einem fremden Land. Und dabei wollte ich gar nicht hierher! Was hat Mario versucht, mir das schönzureden und mich zu motivieren – mit Natur und Goldgräberstadt –, aber ich konnte mir einfach gar nichts weiter drunter vorstellen. Die Ankunft in Dawson City, das war für mich dann wie nach Hause kommen! Der Baustil, die bunten

CHEECHAKOS
BAKE
SHOP
KLONDIKE
HOLLAND AMERICA TOURS
GRAY LINE YUKON

Old Laughing Lady

Holzhäuser, die Gehwege aus Holz, die Straßen aus festgefahrenem Dreck – hier gibt's nirgendwo Teer –, der Yukon, die ganze Landschaft, das passt einfach alles zusammen. Es fühlt sich nicht so an, als störe die Stadt auch nur irgendwie in der Natur. Und die Menschen in ihrer Art, in ihrem Umgang miteinander, eine Familie wie Hollys, die auf mich einfach nur glücklich wirkt und sehr authentisch ist ... Das alles ist so ungewohnt und doch vertraut. Es macht Spaß, und ich bin wirklich neugierig, wie es weitergeht. Ich fühle mich wieder so frei und so leicht, wie ich es aus meiner Kindheit kenne.

Wir sind hier, weil Holly davon ausgeht, dass in dieser Gegend irgendwo der Elch wandern könnte, von dem die Leute in der Stadt erzählt haben. Vielleicht auch nur ein Gerücht. Aber für einen nahezu autarken Auswanderer wie Driftwood Holly, der früher mal Holger Haustein hieß und als Chef einer Dachdeckerfirma in Zwickau bekannt war, bedeutet das auch: 600 Kilogramm Fleisch, genug für einen Winter. Und der Winter ist lang.

Einmal im Jahr darf Holly einen Elch jagen. »Du kannst hier im Norden natürlich auch als Vegetarier durchkommen«, sagt Holly über einer dampfenden Tasse Kaffee in der typischen Art der Erzgebirgler, bedächtig, entschieden und dabei irgendwie immer auch von einer feinen, trockenen, gemütlichen Spur Selbstironie durchzogen. »Aber es ist mir eben auch wichtig, meine Familie mit selbsterlegter Nahrung zu versorgen. Ich hab halt diese Lebensart für mich ganz bewusst so gewählt, weil mir das eine tiefe Befriedigung verschafft. Denn wenn ich bei der Jagd erfolgreich bin, muss ich mir keinen Job suchen, um das teure Fleisch im Supermarkt in der Stadt kaufen zu können.« Dann lächelt er wieder still vor sich hin, nippt am heißen Kaffee und lässt den Blick schweifen.

Tief atmet Holly diesen Morgen am Yukon ein. Der Platz für das Camp ist gut gewählt: am Ende einer Flussinsel, von der aus man gute Sicht hat bis hinüber ans andere Ufer und weit den Fluss hinauf. Die Elche wechseln hier gern, das ist bekannt. Wir haben den Wasserwerfer bei Holly auf dem Grundstück geparkt und sind gestern mit dem Boot von Dawson City angekommen, Holly und sein Hund Pongo, Ramona und ich. Das Camp liegt etwa zwanzig Kilometer flussaufwärts. Nach knapp zwei Stunden stand das Walltent, sein erster Einsatz in der Wildnis. Hell und unbefleckt strahlt das neue Tuch zwischen den Bäumen und Sträuchern hervor – es wird wohl nicht lange so bleiben. Danach Lagerfeuer unterm Sternenzelt, Besuch von ein paar neugierigen Kranichen. Vom Elch noch keine Spur. Dafür Nudeln und Kaffee zum Frühstück, Holly ist die Gelassenheit selbst. Unwillkür-

LINKS OBEN | Die Front Street in Dawson City verläuft parallel zum Yukon, der nur wenige Meter entfernt an der kleinen Goldgräberstadt vorbeischießt. Der Cheechakos Bake Shop ist ein beliebter Treff für Individualisten, Aussteiger und Touristen. Dort kann man bei einem Morgenkaffee den Tag in angenehmer Gesellschaft beginnen.

LINKS UNTEN | Driftwood Holly und sein Boot, die Old Laughing Lady. Ein paar Kilometer weiter den Fluss hinauf werden wir ein Camp errichten und die ersten Nächte in der Wildnis verbringen. Die Elchjagd hat für Holly begonnen.

VORHERGEHENDE SEITEN | Der Indian Summer taucht die Landschaft beiderseits des Dempster Highway in spektakuläre Farben. Die Dreckstraße beginnt etwa 40 Kilometer von Dawson entfernt am Klondike Highway und führt über 700 Kilometer nach Norden bis nach Inuvik, im Winter sogar noch weitere knapp 200 Kilometer über eine Eisstraße bis an die Beaufortsee.

OBEN | Im Jagd-Camp mit Holly, der an einem zum Ofen umgebauten Fass herumbastelt – in den frostigen Nächten Ende August ein wichtiges Requisit.

RECHTS | In ähnlichen Zelten haben die Goldgräber früher den ganzen Winter verbracht.

lich kommt uns dieser Song in den Sinn, den er kürzlich erst geschrieben hat, ein Lied über das erhabene Gefühl, am Morgen den ersten eigenen Kaffee zu genießen. Die Bohnen frisch gemahlen in einer hölzernen Mühle, das starke, belebende Pulver überm Feuer in einer alten Kanne aufgebrüht, die so aussieht, als habe sie schon den Goldrausch miterlebt, und seither einem jeden seinen Morgenkaffee einschenkt. Sie ist unverzichtbarer Bestandteil des Equipments, wie auch die schwere Gusspfanne zum Kochen, ein gutes Messer und eine scharfe Axt. Sogar einen Ofen hat Holly dabei, selbstgebaut aus einem alten Fass, das Ofenrohr führt durch eine speziell dafür vorgesehene Öffnung im Zelt. So müssen früher auch die Goldsucher gelebt haben! Bei minus 40 Grad Celsius im Winter und völlig von der Außenwelt abgeschnitten. Ein hartes Leben voller Entbehrungen, das höchstwahrscheinlich herzlich wenig von der Romantik hatte, die man ihm heute gerne zuschreibt. Der einzige Antrieb der Abenteurer und Glücksritter von einst war die Sehnsucht nach dem begehrten Edelmetall und seinem fiebrigen Glanz. Sie suchten danach, um ihrem Elend zu entfliehen, und hatten für die Schönheit der Natur dabei nicht viel übrig. Wir hingegen suchen nach dem genauen Gegenteil, unsere Sehnsucht nach Wildnis ist die Flucht aus dem Überfluss, den vergoldeten Überflüssigkeiten der Zivilisation. Es mutet paradox an, wie sich Zweck und Ziel einer Reise auf ein und denselben Wegen in ein paar Jahrzehnten so völlig umkehren können, das treibende Gefühl dabei aber das gleiche ist.

LOGBUCH MARIO 7

07.09.2013 | FLUSSCAMP VOR DAWSON | 63°57'30"N 139°41'07"W

Unruhige, kalte Nacht gehabt. Ständig das von Bärenkrallen zerfetzte Zelt, an dem wir gestern vorbeigefahren sind, vorm geistigen Auge. Zur Morgentoilette mit Klappspaten und Papier in den Wald. Als ich zurückkomme: Freude und Schreck zugleich! Der Kaffeeduft weckt die Lebensgeister – aber angesichts der Pfanne mit gebratenen Nudeln fürchten die sich gleich wieder zu Tode: Holly hat sie einfach vor dem Zelt an einen Baum gehängt! Nicht gerade das, was ich über den vorsichtigen Umgang mit Bären gehört habe ... Aber auch großartige Momente: gestern am Lagerfeuer zu sitzen in einer sternenklaren Nacht ... Trotzdem fühle ich mich noch nicht so richtig wohl in der Wildnis. Hoffe, das kommt noch.

LOGBUCH RAMONA 8

07.09.2013 | FLUSSCAMP VOR DAWSON | 63°57'30"N 139°41'07"W

Die Landung der Kraniche war ein magischer Moment. Die Sonne war gerade untergegangen, und das abendliche Schauspiel begann. Die blaue Stunde brachte diesen Himmel, der von Blau ins Schwarz übergeht, und am Horizont leuchtete noch ein roter Streifen auf. Ich saß lange am Ufer und schaute dem Fluss beim Fließen zu. Viele Gedanken gingen durch meinen Kopf. Ich fühle mich wohl auf dieser Insel. Irgendetwas scheint mich mit diesem Platz zu verbinden.

RECHTS OBEN | Mit Lockrufen versucht Holly, den Elch aus dem Wald zu locken. Nur die männlichen Tiere dürfen gejagt werden.

RECHTS UNTEN | Eine frische Elchfährte zeigt, dass hier eines der Tiere entlangspaziert ist – ein Hoffnungsschimmer auf unserem bisher erfolglosen Jagdausflug.

UNTEN | Ramona, Holly und sein Hund Pongo am Steuerstand der Old Laughing Lady. Etwa 20 Kilometer fahren wir den Fluss hinauf: ein erster Vorgeschmack auf die Wildnis, in die wir selbst bald eintauchen werden.

Aufgeregt streicht Pongo um unsere Beine. Der zehnjährige Husky-Mischling weiß genau, warum wir hier draußen sind. »Der hält mir den Rücken frei«, sagt Holly verschmitzt und klopft seinem Gefährten kumpelhaft auf die Flanke. »Hat sogar schon mal ’nen Schwarzbären vom Hof gejagt.« Auf dem Weg zu unserem Basislager hatten wir ein verlassenes Zelt passiert, dessen Seiten von den Krallen eines Schwarzbären aufgerissen worden waren. Es ist der Geruch von Essen, der die mächtigen Tiere wie magisch anzieht. »Die müssen einfach immer nachschauen, ob was für sie dabei ist«, hatte Holly lachend kommentiert und die Schultern gezuckt. Er sagt es so, wie Erwachsene in nachsichtiger Weisheit über das tollpatschige Verhalten Jugendlicher sprechen. »Das ist halt ihre Natur.« Als wir endlich aufbrechen, verflüchtigen sich die wilden Gedanken an neugierige Schwarzbären mit großem Appetit glücklicherweise schnell aus meinem Kopf.

Der erste Tag der Jagd beschert uns wenig Glück. Immerhin finden wir tatsächlich Elchspuren, aber ihr Urheber bleibt uns verborgen, obwohl wir unentwegt den Fluss auf- und abfahren und Holly nicht müde wird, seine Lockrufe über das träge dahinfließende Wasser abzusetzen. Dabei stößt er geschickt einen Laut aus, dem er durch das Abdecken des Mundes mit beiden Händen einen sehr starken und dumpfen Klang verleiht. Immer wieder setzt Holly an, schickt seinen Ruf in die Stille der Wildnis, um danach eine Weile angespannt in die Ferne zu schauen. Für uns unerfahrene Städter wirkt das, als habe der gute Mann sein Leben lang nichts anderes gemacht. Doch in Wirklichkeit begann Holly erst im Alter von 35 Jahren, sich mit der Waidmannskunst zu beschäftigen. Er nennt es *Foodhunt* – jagen, um zu essen. Kein leichtes Unterfangen in der weitläufigen Natur Nordamerikas, wie wir bald selbst erleben werden. Fleisch gehört hier in den eisigen Wäldern zur Grundnahrung, was aber kaum zu vergleichen ist mit den Essgewohnheiten und dem Fleischkonsum der Menschen in den Städten Europas. Das beginnt schon bei der Qualität. »Das sind einfach echte Wildtiere, die ihr ganzes Leben so in der Natur verbringen, wie es die Natur seit Ewigkeiten vorgesehen hat. Sie fressen gutes Futter und haben ihre Freiheit in jeder Hinsicht. Ein gutes Leben«, meint Holly. Mit einem stattlichen Stück Fleisch kommt die Familie über den Winter. Aber der Erfolg ist nie gewiss. »Das ist auch das erste Mal, dass ich es direkt am Fluss versuche«, wirft Holly wie zur Entschuldigung ein, als wir mit leeren

Händen beim Camp wieder eintreffen. Für alle Fälle hält er sich ein paar Truthähne, aber die allein würden nicht reichen, die harten Monate zu überstehen, in denen die Fahrt in die Stadt noch länger wird, als sie ohnehin schon ist – und auch in Dawson sind die Vorräte begrenzt. Das waren sie schon immer.

Obwohl schon zuvor Goldsucher in der Gegend um Dawson ihr Glück gesucht hatten, löste erst die Nachricht eines kapitalen Fundes im Jahr 1896 einen wahren Rausch aus. Zehntausende zogen in den darauffolgenden Jahren in die raue Wildnis des Nordens. Die Goldsucher hatten oft nichts als einen Traum im Hinterkopf – doch der war stark genug, um die lange und gefährliche Reise in eine ungewisse Zukunft nicht zu scheuen. Denn der Weg zum Gold war hart und beschwerlich, gesäumt von den Leichen der vielen Glücklosen, denen es nicht beschieden war, die schier undurchdringliche Wildnis und den gigantischen Yukon zu bezwingen. Über 3200 Kilometer schiebt sich der gewaltige Fluss mitten durch den Norden Kanadas und Alaskas bis zu seiner Mündung in die Beringsee. Ungezählt sind all jene, die damals vor über hundert Jahren im eiskalten Wasser erfroren oder in den tückischen Stromschnellen über Bord gingen und ertranken. Zu Zeiten des Goldrausches, so erzählt man sich, habe man die Toten mit Netzen aus den Fluten fischen müssen. Und die es letztendlich schafften, lebend anzukommen, erwartete ein raues Land mit langen, kalten, dunklen Wintern – aber auch dem Objekt ihrer Begierde, Gold. Das strahlende Metall wurde reichlich gefunden, der Traum vom schnellen Geld, der sich jedoch für die meisten nicht erfüllte, macht die Runde.

Die erst 1896 gegründete und nach dem kanadischen Geologen George Mercer Dawson benannte Stadt blühte im Zuge des Goldrausches auf: 1898, zwei Jahre nach dem ersten großen Fund, lebten hier bereits über 40 000 Menschen. Heute ist die Euphorie jener Tage längst verflogen, übrig blieb ein kleines Städtchen, das überschaubare 1300 Seelen zählt, welche sich auf das Übliche eingerichtet haben. Die letzten Touristen dieses Jahres sind bereits verschwunden, der örtliche Campingplatz hat das Wasser abgestellt. Es ist

Anfang September, und es wird still in Dawson. Die Stille lastet schwer, wenn sie ungewohnt ist. Vielleicht genau deswegen verbringen wir unruhige Nächte in unserem Camp auf der Flussinsel. Am dritten Tag ziehen wir wieder ab. Das Camp lässt Holly einfach stehen, er will später wiederkommen. Um nicht über das Ausbleiben des Jagderfolgs trübe Gedanken aufkommen zu lassen, gibt Holly auf der Rückfahrt Anekdoten aus seinem Leben zum Besten. Er erzählt seine Geschichte in munteren Versatzstücken. Die meisten Bewohner von Dawson City sind auch heute noch Aussteigertypen wie Holly, eigensinnige Individualisten, hartgesottene Trapper-Naturen. Vielleicht hat jener Dachdeckermeister aus dem Erzgebirge schon damals, als er noch im Knabenalter mit der späteren Skispringer-Legende Jens Weißflog vom Schanzentisch sprang und als Holger Haustein im Kader stand, in seinem Innersten ganz unbewusst gespürt, dass er aus einem ähnlichen Holz geschnitzt sein müsse. Die Geschichten vom Goldrausch, der Massen in Bewegung brachte, jedenfalls haben ihn schon immer fasziniert. Sie tun es heute noch: »Als 1896 bis '98 der Goldrausch auf Hochtouren kam, liefen Tausende Boote hier ein«, erzählt er, und in seine Augen tritt ein unergründliches Leuchten. »In den Schiffen saßen Menschen, die einfach nicht wussten, was sie hier erwartet. Kannst du dir das vorstellen? Du hast nur ein paar Habseligkeiten bei dir, kommst hier an und weißt, dass du die nächsten sieben Monate hier nicht wegkommst. Der Fluss ist gefroren, und keine Straße führt hinaus. Nichts! Kannst du dir das vorstellen?«

Wie es oft im Leben zugeht, erwachsen aus der Not aber auch Tugenden. Wenn es nicht gelingt, sich aus dem Weg zu gehen, muss man zwangsläufig ein Auskommen miteinander finden. Ist dieser konstruktive Ansatz als Einstellung erst verinnerlicht, beginnt er, seltene Früchte zu tragen. Die Frucht tiefer Freundschaften, zum Beispiel. Die Menschen hielten zusammen. Nur so hatten sie eine Chance zu überleben, in der Gemeinschaft. Dieser Spirit der damaligen Zeit hat sich bis heute gehalten, er macht den Ort Dawson zu etwas Besonderem. Nicht allein des Goldes wegen, das es hier überall gibt. Das Edelmetall war auch nicht der Grund, warum sich Holly auf den weiten Weg gemacht hat. »Das Leben in Deutschland ist mir einfach zu langweilig geworden. Es war vorauszusehen, wie die nächsten 20 Jahre ablaufen würden.« Zu tief fühlte sich Handwerksmeister

LINKS OBEN | Das Haus von Holly und seiner Familie ist nicht groß, bietet aber alles, was man zum Leben braucht: Wohnraum, Küche und Bad im Untergeschoss und oben die Schlafzimmer.

LINKS UNTEN | Die Erntezeit bringt allerlei Schätze zum Vorschein: Kirsten legt die Kräuter zum Trocknen aus, Holly begeistert sich für eine fette Gurke. Ein kleines Gewächshaus bringt sogar Tomaten auf den Esstisch.

UNTEN | Bevor Holly den frisch geschlachteten Truthahn rupft, übergießt er ihn mit kochendem Wasser. Das Fleisch lagert er in Dawson ein oder tauscht es gegen Fisch und andere Lebensmittel.

Haustein im biederen deutschen Alltagsleben verstrickt. »Es gibt nur noch eine ständige Wiederholung des bereits Erreichten. Du darfst nie nachlassen, nie schwach sein, darfst nicht einfach mal nein sagen. Musst immer am Ball bleiben. Das konnte ich nicht mehr mitmachen.« Es wurde Zeit, auszubrechen und die Welt kennenzulernen. Die abenteuerlichen Geschichten aus der Zeit des Goldrauschs und die Bücher Jack Londons weckten eine unbändige Sehnsucht. »Ich habe eine Weile versucht, es zu leugnen, zu verdrängen, aber letztendlich begann ich dann, meinen Traum umzusetzen und zu leben.«

Der Zeitpunkt konnte besser nicht sein: Genau als der Goldrausch sich zum hundertsten Mal jährte, beschloss Holger Haustein, ein aufregendes, abenteuerliches Leben zu führen und seine Komfortzone in Deutschland zu verlassen. Er begab sich auf die Spuren der alten Gold- und Glückssucher, befuhr wie sie die Inside Passage entlang der Küste, lief den Chilkoot Trail über die Grenze zwischen Kanada und Alaska hinweg und überwand die 700 Flusskilometer bis nach Dawson auf dem Yukon mit einem Kanu. Als er endlich ankam, war er am Ende seiner Kräfte. Aber er spürte auch, dass sich mit dieser Reise vieles verändert hatte.

»Der erste Mensch, dem ich in dem kleinen Hafen von Dawson begegnet bin, war Mo. Der sah aus wie Bob Marley, kam aber eigentlich aus Augsburg. Mo hat mich dann ins Westminster Hotel mitgenommen beziehungsweise in die Bar dort, The Pit.« Diese älteste Kneipe der Stadt ist heute über 120 Jahre alt und gilt noch immer als Treffpunkt. »Dort war die Hölle los! Dawson feierte gerade hundert Jahre Goldrausch. Die Menschen tanzten auf den Straßen, und im Pit gab es Goldsucher mit faustgroßen Nuggets in den Hosentaschen, Aussteiger, Leute, die von zu Hause weggerannt sind, Trapper, Jäger. Alle waren hier willkommen. Und wie ich da so rumstand, kamen zwei junge Mädchen auf mich zu, eine hübscher als die andere, und fragten mich, ob ich einen Schlafplatz suche und ob ich vielleicht Lust hätte, in ihrem Baumhaus zu übernachten. So bin ich in Dawson angekommen, und aus den geplanten drei Tagen Aufenthalt sind jetzt halt über 15 Jahre geworden.«

Hollys Zuhause liegt außerhalb der Stadt auf der anderen Seite des Flusses. Als wir von unserem Ausflug etwas niedergeschlagen zurückkehren, dämmert es bereits. Die untergehende Sonne taucht das kleine Anwesen in orange-goldenes Licht, Pongo stürmt über die saftige, sanft gewellte Wiese, auf der ein alter Leiterwagen steht, Hollys Frau Kirsten tritt mit den Kindern zur Begrüßung auf die Veranda – keine Postkarte, keine Soap Opera könnte diese Szene in ihrer klischeebeladenen Romantik übertreffen, und doch findet sie in diesem Moment vor unseren Augen statt. Vielleicht waren es Augenblicke wie dieser, die das Ehepaar Haustein in ihrem Entschluss endgültig bestärkten, ihren Lebensmittelpunkt hierher zu verlegen. »In Dawson wird man nicht geboren, diesen Platz sucht man sich aus«, hält Holly eine der Lokalweisheiten bereit. Diese Wahl trifft man jedoch nicht Hals über Kopf.

Während die Menschheit der Jahrtausendwende entgegenfieberte, unternahm das Ehepaar Haustein zunächst einige ausgedehnte Reisen nach Dawson. Sie lernten die Gegend zu den unterschiedlichen Jahreszeiten kennen, trafen verschiedene Menschen, die hier lebten, und erst mit der Zeit reifte der Plan, genau an diesem Flecken der Erde leben zu wollen. In Deutschland begannen die Hausteins sodann, ihr bisheriges Leben abzuwickeln: Kirsten kündigte den Job bei einer Bank, Holger verkaufte seine Firma. Dem Erzgebirge sagten sie Lebewohl, dessen waldreiche Bergwelt und Winterhärte nicht die schlechteste Vorbereitung auf Kanada und den Yukon bietet. »Aber hier ist das schon noch mal eine andere Hausnummer«, erzählt Holly mit listigem Seitenblick, während er auf das Haus zustapft. »Meinen ersten Winter in Dawson habe ich im Zelt verbracht – bei minus 35

LINKS | Joey und Ben, die beiden Söhne von Holly und Kirsten, sind als Babys nach Kanada gekommen und beherrschen die englische Sprache besser als die deutsche. Bei der Gartenarbeit packen an diesem Nachmittag alle mit an.

UNTEN | Teenager müssen sich austoben – bei dem kleinen Boxkampf auf dem Trampolin haben offensichtlich beide Spaß.

Grad! Das war so kalt, dass mir die Haare am Kopfkissen festgefroren sind. Wer mit Schnee und Kälte nicht klarkommt, ist hier definitiv falsch.« Doch Holly liebt den Winter, und Kirsten liebt Holly.

»DER NORDEN IST WIE EINE MUTTER. WASSER. LUFT. ESSEN. SICHERHEIT. ES IST EIN GUTER PLATZ ZUM SEIN.«

DRIFTWOOD HOLLY

Holly liebt natürlich auch Kirsten und ihre beiden gemeinsamen Kinder, Joey und Ben, die hier aufgewachsen sind und längst nicht so gut Deutsch wie Englisch sprechen. »Als wir hier ankamen, war Kirsten gerade mit Joey schwanger.« Das Stück Land hat sich Holly bereits vor Jahren gekauft und mit seinen eigenen Händen eine kleine Farm darauf errichtet. »Das ist ein guter Kompromiss, wenn man so will. Wir sind weit genug draußen, um unsere Ruhe zu haben, aber nicht so weit, dass es eine Einsiedelei wäre. Also wir haben noch Nachbarn, nur kann man deren Häuser nicht sehen.« Es sind etwa fünf Kilometer bis in die Stadt, wo die beiden Jungs zur Schule gehen. Allerdings will der Fluss überquert werden, und es gibt keine Brücke. Im Winter ist das unproblematisch: Es geht dann direkt über den zugefrorenen Flusslauf mit dem Hundeschlitten. Im Sommer werden die Jungs mit dem Truck bis zum Bootsanleger gefahren, wo ein altes Schiff, die George Black, sich gemütlich von einem Ufer ans andere schiebt, rund 20 Minuten ist die eiserne Lady unterwegs. Dabei macht sie einen großen Bogen flussabwärts, denn die Strömung ist stark – nur wenige Hundert Meter vor Dawson mündet der Klondike in den Yukon. Die wetterbedingte Ausnahme ist die Übergangszeit, in der die Familie vom städtischen Leben abgeschnitten ist.

Es ist urig bei Holly und seiner Familie, die sich auf eine sehr naturnahe und fast autarke Lebensweise eingerichtet haben. Ausreichend Wärme in der Blockhütte spendet ein alter Holzofen. Eine kleine Quelle liefert frisches Trinkwasser, und für die Beleuchtung sorgen Gaslampen. Den Holztisch hat Holly selbst gebaut

LINKS OBEN | Der gusseiserne Ofen ist ein unverzichtbares Utensil im Norden bei Temperaturen, die unter minus 40 Grad fallen können.

LINKS MITTE | Holly mit seinem Lieblingsinstrument, der Gitarre. Seine kreativste Phase hat er nachts. Dann sitzt er in seiner Hütte und lässt die Magie der Musik auf sich wirken.

LINKS UNTEN | Ben ist der ältere der beiden Söhne. Die Kinder gehen in Dawson zur Schule.

UNTEN | Kirsten lauscht Hollys Liedern. Früher, in Deutschland, hat sie in einer Bank gearbeitet.

OBEN | Der Blick durch das Fernglas schafft Gewissheit: Im See steht ein Elch. Der erste, der sich seit Wochen hat blicken lassen. Sein Gewehr hat Holly schon geschultert. Die Jagd beginnt.

RECHTS | Holly stellt dem Elch lange nach und erlegt ihn schließlich. Eine erfolgreiche Jagd, die genug Fleisch für einen langen Winter verspricht. Doch es dämmert bereits, und noch liegt der Elch am See, und der Weg hinauf zur Straße ist lang und steinig.

und mit Schnitzereien verziert, seine Gäste dürfen das künstlerische Werk fortsetzen und treiben ihre Ornamente und Zeichen tief ins weiche Holz. An der Decke hängen Hollys Gitarren. Abends holt er gern eine davon herunter und spielt ein paar seiner Songs, erdig und lebensecht. Vor dem Haus ragt eine meterhohe Sonnenuhr aus der Mitte des Beets, in das sich Kartoffeln, Blumenkohl, Brokkoli, Kohlrabi, Weiß- und Rotkraut zwängen. Im Gewächshaus hängen saftige Gurken und Tomaten an den Stauden. »Gutes Jahr«, befindet Holly knapp – die Ernte wird üppig ausfallen. Das meiste davon konserviert Kirsten für die Wintermonate, kocht das Gemüse ein, trocknet die Kräuter. Holly treibt sich derweil am Fluss herum und bringt seine Netze aus. Den Fang räuchert er für den Eigenbedarf oder tauscht ihn gegen Dinge, die er gerade braucht. Die übrige Zeit vergeht damit, Brennholz zu besorgen. »Und dann muss ich mich noch um meinen Fuhrpark kümmern«, scherzt er. Hundeschlitten und Schneemobil harren ihrer winterlichen Einsätze in der Scheune, die Boote müssen bald aus dem Wasser – die Old Laughing Lady, ein kleiner Kahn mit Außenborder, und Hollys Hausboot, die Wooden Pearl. Sobald der Frost Einzug hält, dauert es etwa sechs Wochen, bis das Eis des Yukon stark genug ist, um Menschen, Tiere und Fahrzeuge sicher zu tragen. Wir haben noch ein bisschen Zeit, bis es so weit ist, und beschließen, die letzten schönen Herbsttage am Yukon mit Holly und seiner Familie bei einem kleinen Ausflug zu genießen.

Eine Woche ist seit unserem missglückten Jagd-Trip vergangen. Unsere kleine Reisegesellschaft ist in den alten Wasserwerfer geklettert, mit dem wir den Dempster Highway hinaufbrummen. Der Plan ist, eine schöne Stelle für ein Lagerfeuer zu finden und so das Wochenende ausklingen zu lassen. Noch vor Einbruch des Winters, der jetzt, es ist Mitte September, bereits in den Startlöchern steht, wollen Ramona und ich wieder zurück in Vancouver sein. Doch aus dem gemütlichen Biwak wird nichts: Kurz vor Einbruch der Dämmerung wedelt uns Holly aufgeregt mit der Hand heran und deutet hinunter ans Ufer eines schläfrigen Sees. Was zunächst nur wie ein großer Stein aussieht, bewegt sich plötzlich – und vor dem glitzernden Wasser zeichnet sich die Silhouette eines Elches ab. Er steht weit von der Dreckstraße entfernt. Fast zu weit. Es ist ein Bulle, und Holly weiß, dass er jetzt und hier sein Glück versuchen muss. Die nächste Chance ist ungewiss. Er schnappt sich sein Gewehr und verschwindet im Gestrüpp.

Sofort ergreift die Aufregung Besitz von uns, das Blut pocht in den Adern, Adrenalin schießt durch den Körper. Gut zwei Stunden lang pirscht sich Holly an das Tier heran, das erhaben sein mächtiges Geweih durch die Gegend trägt. Der Jäger ist nicht mehr zu sehen, vollständig mit der Wildnis verschmolzen. Wir warten. Dann plötzlich kracht ein Schuss, schwer rollt sein Echo wie Donner von den Berghängen zurück. Getroffen bricht der Elch zusammen. Eine halbe Stunde später werden wir Zeuge, mit welchem Respekt Kirsten und Holly die Jagd betreiben. Als er die tödliche Kugel abfeuerte, stand Holly nur noch wenige Meter von dem ausgewachsenen Tier entfernt. »Die letzten Atemzüge steigen wie Geisternebel aus seinen Nüstern«, sagt er leise. Dann kniet er mit Kirsten vor dem toten Leib und bedankt sich bei ihm und der Natur für die Opfergabe. Holly hat einen männlichen Elch erlegt, der gut 600 Kilogramm auf die Waage bringt. Genug Fleisch für den Winter – wenn wir den Elch nach Hause transportieren können. Holly hat sich weit vom Highway abtreiben lassen, bis zur Straße sind es jetzt etwa zwei Kilometer voller Sumpf, Geröll und dichtem Gestrüpp mitten im Grizzly-Gebiet. »Den kriegen wir heute nicht mehr bis zum Auto geschleppt«, muss Holly zugeben, während er den Bullen aufbricht und die Eingeweide herausnimmt. Er schaut sich um und deutet mit leichtem Kopfnicken einen weiten Bogen an: »Du kannst dir sicher sein, dass wir jetzt gerade von einem Dutzend Augenpaaren beobachtet werden.«

Doch das ist kein Grund zu großer Besorgnis. Selbst der Grizzly wird mehrere Stunden nach unserem Abzug warten, bis er aus seiner Deckung kommt. »Der ist sehr vorsichtig«, hat Holly von den Ureinwohnern gelernt.

Wieder verbringen wir eine unruhige Nacht. Ob uns die Bären etwas übriggelassen haben? Schon um sechs Uhr sind wir auf den Beinen, eilen hinab zu der Stelle, an der wir den Kadaver zurückgelassen haben. Und atmen befreit auf: Das Tier liegt unangetastet im Morgentau. Holly steht der Stolz ins Gesicht geschrieben. Er war zur richtigen Zeit am richtigen Ort, er hat seine traditionelle Rolle vollends ausgefüllt – die des Familienversorgers. Den ganzen Tag über sind wir damit beschäftigt, den Elchkörper zu zerlegen und die bis zu zwei Zentner schweren Einzelteile die ganze Strecke durch das unwegsame Gelände bis zum Fahrzeug zu schleppen. Tiefe Zufriedenheit über das Geleistete spiegelt sich am Abend auf unseren Gesichtern, während das Lagerfeuer munter knackt und Holly einen Song vor sich hin summt, vielleicht eine neue Melodie.

Nachts verfällt Holly gern ins Erzählen und Philosophieren. Dann spricht er von den glücklichen Momenten, die zu sammeln es gilt, auch wenn dazwischen zuweilen längere Talsohlen durchwandert werden müssen. Seine Expeditionen haben ihn bereits in 39 Länder geführt und von Schamanen lernen lassen. Zuletzt hat er zusammen mit seiner Familie eine abenteuerliche Reise quer durch Kanada bis nach Neufundland unternommen. »Für diesen Trip habe ich extra einen alten Schulbus auf Gemüseöl umgerüstet.« Eine alte Weisheit, der auch Holly anhängt: Der Weg ist das Ziel. »Es ist so viel besser, Teile des Lebens einfach offenzulassen, nicht alles zu planen. Das Leben ist ein organischer Vorgang.« Keine Hast mehr, kein Hetzen, keinen Stress. Es ist der langsame Rhythmus, den Holly so schätzt, der sich durch seine Lieder zieht und in dem diese überhaupt erst entstehen können. Geschichten, wie sie der Norden eben so schreibt. Dann lächelt er breit und sagt: »Ihr habt die Uhr, ich habe die Zeit.«

Er ist mit seiner Einstellung gewiss nicht allein auf der Welt. Im nächsten Sommer kommt die Band um Driftwood Holly in Dawson zusammen: Pavel Osvald aus Tschechien, dessen Geigenspiel den Songs eine ganz besondere Note verleiht, Jäcki Reznicek mit seinem Bass, der in Deutschland bei der Rockband Silly spielt. Zusammen werden sie ein Flusskonzert geben. Die Wooden Pearl fungiert als schwimmende Bühne,

LINKS OBEN | Der Elch muss über Nacht hier liegen bleiben – mitten im Grizzly-Gebiet. Kirsten hat bereits die Jagderlaubnis am Geweih angebracht.

LINKS UNTEN | Am nächsten Morgen auf dem Weg zu unserer Jagdbeute, die zum Glück unangetastet ist.

UNTEN | Es ist anstrengend, die schweren Elchkeulen durch das unwegsame Gelände zu schleppen. Erstmals hat Holly so weit abseits von befestigten Wegen gejagt. Es dauert acht Stunden, bis wir das Fleisch sicher untergebracht haben.

OBEN | Die Überreste eines alten Hauses aus Goldgräberzeiten. Das kleine Gebäude neben dem windschiefen Haus ist das Alchemy Café, ein beliebter Treffpunkt in Dawson.

RECHTS OBEN | Dr. Dazey (links im Bild) und seine Freunde auf ihrem aus Müll selbst zusammengezimmerten Floß am Ufer vor Dawson. In wenigen Tagen werden sie die Leinen losmachen und den Yukon befahren.

RECHTS UNTEN | Das schwere Floß liegt tief im Wasser und ist hart auf Kurs zu halten. Für uns ist die Begegnung inspirierend: Die Idee, den Yukon mit einem Floß zu befahren, wird in diesem Moment geboren.

die Konzertbesucher binden ihre Boote an ein langes Holz. Und wer kein Boot hat, hört einfach vom nahen Ufer aus zu. Auch wir werden bei diesem Konzert dabei sein, versprechen Ramona und ich.

Am 12. September 2013 kommen wir mit dem zerlegten Elch im Gepäck wieder in Dawson an. Wir bereiten uns auf die Heimreise vor. Doch zuvor treffen wir noch am Fluss vor der alten Goldgräberstadt Dr. Dazey, einen lustigen amerikanischen Hippie, der mit ein paar anderen verrückten Typen ein Floß gänzlich aus Müll gebaut hat. Mit diesem Vehikel wollen sie dem Yukon noch 200 Kilometer folgen bis nach Eagle in Alaska. Weiter werden sie es vor dem Winter wohl nicht mehr schaffen. Während wir die bunte Truppe noch ein Weilchen begleiten, wird uns klar, dass dies auch unser Weg in die Wildnis sein könnte. Der Plan reift schnell heran, im kommenden Jahr ein Floß zu bauen und wie ein Stück Treibholz auf dem Yukon in den Sonnenuntergang zu reisen – bis der riesige Fluss nach 3200 Kilometern dann endlich seine 555 Millionen Kubikmeter Wasser pro Tag in die Beringsee ergießt. Eine Wildnis, wie wir sie noch nie erlebt haben.

Irgendwo dort draußen könnte die Sehnsucht enden.

IM VISIER DES ZWÖLFENDERS

»Die Natur muss gefühlt werden.«

ALEXANDER VON HUMBOLDT

Mitte September machen wir uns auf den Weg in Richtung Vancouver. Die Distanz zwischen Dawson City und der Großstadtmetropole beträgt etwa 3000 Kilometer. Noch haben wir Zeit, denn unser Flug zurück nach Deutschland geht erst in drei Wochen und Vancouver zieht uns mit der großstädtischen Hektik und Geschäftigkeit nicht gerade an. Lieber verbringen wir die restlichen Tage in den Weiten Kanadas. Wir nehmen uns noch einmal Zeit für Zweisamkeit und genießen das berühmte Farbenspektakel des Indian Summer, der sich mittlerweile flächendeckend übers Land zieht. Und um diese herrlichen Herbsttage voll auszukosten, stecken wir unsere Route erneut über die Rockies ab, deren gigantische Berge aus grauem Fels und nunmehr bunt gefärbten, dichten Wäldern eine prächtige Kulisse versprechen. Über Jasper und den Icefields Parkway wollen wir Vancouver ansteuern, wo der Wasserwerfer seinen Winterschlaf halten soll, während wir für einige Monate wieder nach Hause fliegen. Ich werde im Winter wie meistens Vorträge über meine Reisen halten. Außerdem denken wir darüber nach, ein Festival für Abenteurer und Träumer zu organisieren. Im Frühjahr wollen wir dann zurückkehren und unser Abenteuer Yukon in Angriff nehmen. Wir können es kaum erwarten!

Bereits am Alaska Highway präsentiert sich eine üppige Fauna. Entlang der Straße sehen wir unzählige Büffel durch die Prärie ziehen. Diese Rasse ist vom Wuchs her kleiner als der große Waldbison, dem wir in Manitoba begegnet sind. Die Herden erleben wir hier in freier Wildbahn, ganz ohne Zaun und Kontrolle des Menschen. Zwar will die gut geteerte Straße nicht so richtig ins Bild der rauen Wildnis passen, doch das scheint den Tieren egal zu sein. Über Kilometer säumen sie den Highway. Oft liegen große Bullen allein in ihren Erdkuhlen, dann wieder trotten Verbände von ein paar Dutzend Tieren, gemächlich das saftige Gras rupfend, über den breiten Grünstreifen. Die Witterung kümmert sie offensichtlich ebenso wenig wie die Anwesenheit des Homo sapiens in seinen rollenden Blechschachteln. Wir aber packen uns in dickere Pullover. Es ist merklich kälter geworden hier oben. Die ungemütlichen Frühwinterstürme peitschen Regen über die Berge, und auf den Höhen fällt schon der erste Schnee. Immer wieder stoppen wir entlang der Straße und nähern uns den Büffeln, inzwischen von dem Gefühl beseelt, so langsam mit der Wildnis vertraut zu sein. Selbst ich bin mutiger

LINKS | Die Natur Kanadas hat viele Facetten: glasklare Flüsse, saftig grüne Wälder, hohe Bergketten und schneebedeckte Gipfel. Wenn sich dann noch ein blauer Himmel zeigt, ist die Landschaft an Schönheit nicht zu überbieten.

UNTEN | Ein winziges Streifenhörnchen auf Nahrungssuche. Dieses Bild schoss Ramona in den Rocky Mountains, als gerade eine Handvoll Touristen dabei war, einen kleinen Schwarzbären zu beobachten, der durchs Unterholz streifte.

geworden und steige häufiger aus, um die stattlichen Tiere in entsprechende Bildmotive zu bannen. Eine Kanadierin nähert sich uns langsam in ihrem Auto und hält kurz vor mir an. »Weißt du, dass es gefährlich ist, sich den Bisons so zu nähern? Sie sind sehr stark!« Ja, ja, denke ich mir, lasse die besorgte Frau weiter gen Norden fahren und drücke noch ein paar Mal auf den Auslöser. Wir entfernen uns nie weit vom Fahrzeug, weil wir natürlich wissen, dass sich das Verhalten der Tiere nie hundertprozentig voraussehen lässt. Aber wir fühlen uns sicher und freuen uns, als wir wenige Kilometer weiter eine Schwarzbärin mit ihren beiden Jungen am Waldrand entdecken. Ein anderes Mal sind es zwei junge Bären, die unsere Aufmerksamkeit auf sich lenken. Sie tragen unbekümmert ein paar spielerische Rangeleien aus und scheinen gar nicht zu merken, dass wir neben ihnen stehen geblieben sind und dieses Schauspiel genießen. Tatsächlich sind wir in den zurückliegenden Monaten der Natur und der Wildnis spürbar nähergekommen, die sich ihrerseits mit fantastischen Momenten erkenntlich zeigt. Am Fuß der imposanten Gebirgszüge erweisen uns Bergziegen, Bären, Elche die Ehre – und drollige Streifenhörnchen. Vor allem diese possierlichen Tierchen haben es Ramona angetan. Zwar ist es fast am schwierigsten, diese flinken und scheuen Kletterkünstler zu fotografieren, aber meine Frau bringt genau die Geduld und kindliche Liebe zu den Tieren auf, die immer wieder einzigartige Bilder entstehen lassen.

Wir haben die Berge fast hinter uns, und der Wasserwerfer rollt eine endlos anmutende Straße entlang. In ein paar Hundert Kilometern werden wir bereits die Vororte von Vancouver erreichen. Dann sind wir etwa ein halbes Jahr in Nordamerika unterwegs gewesen. Allein die Vorstellung, in zwei Wochen wieder in Deutschland zu sein und das alte Leben weiterzuführen, bereitet uns ein gewisses Unwohlsein. Natürlich freuen wir uns auf die Familie und unsere Freunde, aber die Wildnis loszulassen fällt schwer. Irgendetwas ist hier mit uns passiert, und was auch immer es ist, es fühlt sich gut an. Während ich noch in Gedanken die Veränderungen analysiere, sehe ich im Vorbeifahren aus dem Augenwinkel die Gestalt einer Hirschkuh vorbeihuschen, die ruhig äsend im saftigen Gras steht. Was für ein Motiv! Ein paar Hundert Meter weiter finden wir auch gleich eine ideale Parkbucht an der schattigen Landstraße und stiefeln hochmotiviert mit unseren Kameras zurück zu dem Tier, das offensichtlich kooperationsbereit ist. Die Hirschkuh steht noch immer an ihrem Platz, kaut entspannt vor sich hin und macht sichtlich wenig Anstalten davonzulaufen. Wir freuen uns über so viel Einsicht, und Ramona schießt bereits die ersten Bilder. Doch plötzlich beginnt es vor mir im dichten Wald zu rascheln. Die Bäume wackeln, Äste brechen mit lautem

VORHERGEHENDE SEITEN | Eine Büffelherde kreuzt den Alaska Highway im Norden Kanadas.

LINKS OBEN | Dieser Grizzly riskiert einen letzten Blick, bevor er im dichten Wald verschwindet. In der Lachssaison findet man diese beeindruckenden Raubtiere vor allem an den Flüssen.

LINKS UNTEN | Eine Büffelkuh säugt ihr Kalb direkt neben der Straße. Bis zum sechsten Lebensmonat trinken die Kälber Milch. Bei der Geburt wiegen sie bereits 15 bis 25 Kilogramm und schon mit einem Jahr zwischen 200 und 300 Kilogramm.

Krachen. Wie ein starker Wind, der durchs Dickicht pfeift, hallen die brachialen Geräusche zu mir herüber und lassen keinen Zweifel an meiner Ahnung, dass sich hier ein großes Wildtier nähert. Natürlich denke ich sofort an Bären, und versuche zu rekapitulieren, wie ich mich verhalten muss, wenn gleich ein riesiger Grizzly aus dem Forst tritt. Doch darüber merke ich nicht, wie sich Ramona langsam von mir entfernt. Sie kauert bereits unterhalb der Böschung und hat einen perfekten Platz in der Nähe der äsenden Hirschkuh gefunden. Der einzige Fokus, den sie gerade hat, befindet sich in ihrer Kamera und ist für diesen Moment auch die Gesamtheit ihrer Welt. Ich hingegen stehe am Straßenrand und knüpfe all meine Hoffnung an ein dürres Bäumchen, das zwischen mir und dem Ungetüm steht, welches wohl gleich aus dem Wald brechen wird. Plötzlich, mit einem letzten Knacken der Äste, schält sich ein ausgewachsener Wapiti-Hirsch aus dem sperrigen Gehölz. Kauend steht der Zwölfender nur wenige Meter vor mir, aus seinem Maul hängen ein paar Grashalme und künden von seiner letzten Mahlzeit. Mir wird auf einmal unheimlich bewusst, dass Wapitis größer sind als ihre europäischen Verwandten und dass ein männliches Exemplar aus den Rocky Mountains normalerweise zwischen 300 und 350 Kilogramm auf die Waage bringt.

Mit erhobenem Haupt tritt der Hirsch entschlossen und endgültig aus dem Wald. Seine Augen glänzen, und mir dämmert sofort, dass dies keine normale Begegnung ist – dass Brunftzeit ist, wird mir allerdings erst später klar. Ramona konzentriert sich weiter darauf, das schönste Foto des Tages zu schießen. Kritisch betrachte ich mein Gegenüber, dessen Blick sich unheilvoll in meinen Schädel bohrt. Schon senkt er sein mächtiges Geweih und beginnt, das Gestänge wie ein Kämpfer seinen Knüppel wiegend, auf mich zuzulaufen. Instinktiv nehme ich Reißaus, renne auf die andere Straßenseite mit der quälenden Gewissheit eines beschleunigten 300-Kilo-Wapitis ohne gute Absichten im Rücken. Das gegenüberliegende Waldstück ist nur noch wenige Meter entfernt. Wenn ich es bis dorthin schaffe, dann kann ich vielleicht im Dickicht Schutz finden. Noch während meine krude Fluchttheorie in mir um Bestätigung ringt, höre ich plötzlich Ramona aufschreien. Entsetzt fahre ich herum und sehe sie den Hang hinaufstürzen, der aufgebrachte Hirsch jetzt hinter ihr. »Wir müssen hier weg!«, höre ich mich rufen, bin Sekunden später zu ihr aufgeschlossen, und gemeinsam rennen wir um unser Leben. Ramona voran, ich in der Mitte und der Hirsch uns eng auf den Fersen. Neben uns rollt langsam ein Pkw heran, stoppt – und verlässt fluchtartig den Tatort, als der wütende Wapiti Kurs auf den nichtsahnenden Touristen nimmt. Diese kurze Ablenkung verschafft uns die Distanz, die wir brauchen. Mit einem guten Schuss Adrenalin im Blut und schon im leichten Freudenrausch der glücklich Entkommenen springen wir ins Auto, Türen zu, Sicherheit. Aus unserer Festung sehen wir, wie der Wapiti bereits versucht, das nächste Fahrzeug aufs Korn und seine Enden zu nehmen. Erst als Ruhe auf der Straße einkehrt und nichts und niemand mehr dem Hirsch entgegensteht, verzieht er sich zufrieden in den Wald.

»Es könnte Brunftzeit sein«, überlege ich nun laut und schaue zu Ramona hinüber. »Keine Ahnung«, entgegnet sie. »Auf jeden Fall haben wir Glück gehabt.« Noch ganz außer Atem wenden wir und rollen langsam an der Stelle vorüber, wo wir eben noch panisch die Flucht ergriffen haben. Aber wo ist unser Hirsch? Keineswegs in den Bäumen verschwunden: Schon ein paar Meter weiter sehen wir ihn auf dem schmalen Grasstreifen vor dem Wald Wache schieben und sein Revier observieren. In Schrittgeschwindigkeit schieben wir uns vorbei, kommen dabei fast zum Stehen. Da geht der Kerl schon wieder auf uns los! Schiebt sein Geweih nach vorn und will doch tatsächlich den Wasserwerfer auf die Hörner nehmen. »Wir werden heute keine Freunde mehr«, murmle ich, drehe wieder um Richtung Pazifik, gebe Gas, schalte hoch und rolle aus unserem vorerst letzten Abenteuer in den Sonnenuntergang der Rocky Mountains. Die Wildnis liegt erst einmal hinter uns, aber fasziniert von ihren unzähligen Facetten und den Menschen die wir kennenlernen durften, ist unsere Sehnsucht alles andere als gestillt. Auf Wiedersehen im nächsten Jahr!

LINKS | Auf unserem Rückweg nach Vancouver begegneten wir diesem beeindruckenden Wapiti-Hirsch. Speziell in der Brunftzeit können sich diese Tiere schnell gestört fühlen, vor allem wenn sie, wie dieser, ihre Liebe gefunden haben. Es sollte die gefährlichste Situation unserer gesamten Reise werden.

WIE MAN EIN FLOSS BAUT

»Die Wildnis ist nicht ein Ort,
den wir besuchen,
sie ist unsere Heimat.«

GARY SNYDER

Als wir im Oktober aus Kanada zurück in die Heimat kommen, steht unser Plan für das kommende Jahr bereits fest: Wir werden ein Floß bauen. Unsere Reise quer durch die kanadischen Provinzen, all die Erfahrungen, die wundervollen Begegnungen mit Menschen, Tieren und einer großartigen Landschaft, mussten – rückblickend betrachtet – zwangsläufig in solch einem Vorhaben münden. In Dawson City haben wir den Entschluss gefasst, vollends in die Wildnis eintauchen, über 3000 Kilometer den Yukon bis zur Beringsee hinunter auf einem Floß – eine abenteuerliche Reise ins Unbekannte und Ungewisse, so viel ist uns klar. Aber wir sind zuversichtlich.

Der Winter in Deutschland verfliegt. Wir reisen in die unterschiedlichsten Städte der Republik, wo ich von meinen Abenteuern erzähle. Ramona kann mich dabei nicht immer begleiten, sie arbeitet in der Intensivpflege. Außerdem organisieren wir unser Freiträumer-Festival, welches erstmalig 2015 und dann alle Jahre wieder stattfinden soll. Fast könnte man meinen, der normale Alltag habe uns wieder, wären da nicht die Gedanken an unser Floß und den riesigen Yukon. Auch wenn ich ein paar Jahre Segelerfahrung von den südlichen Weltmeeren mitbringe, bin ich doch nicht so naiv zu glauben, dass sich ein großer Fluss im Norden dagegen wie ein Kinderspiel anließe. Ich fürchte sogar, dass die Navigation dort stellenweise viel schwieriger ist. Stromschnellen, Untiefen, Strudel und Treibgut machen einem auf hoher See weniger zu schaffen. Auch kann man auf dem Meer fast immer den Wind nutzen oder sich einfach treiben lassen, während auf dem Yukon die Strömung das Sagen hat und ein Floß schnell irgendwo ans Ufer drückt, wenn man nicht aufpasst. Nicht zuletzt konnte ich von meinem Katamaran einfach in die Südsee springen, wenn mir danach war oder ein Außeneinsatz am Boot nötig wurde – die eiskalten, trüben Fluten des Yukon sind da nicht so einladend.

LOGBUCH MARIO 8

07.03.2014 | PLAUEN, DEUTSCHLAND | 50°29'39"N 12°08'10"E

Die Entscheidung für ein Floß ist für mich nichts Außergewöhnliches. Tatsächlich gefällt mir die Idee, dass wir auf zwei Rümpfen ruhig über den Fluss gleiten, doch recht gut. Ich weiß durch meine Zeit mit der Goodlife, wie ruhig ein Mehrrumpfboot im Wasser liegt, und genau das erwarte ich auch bei einem Holzfloß. Zwei Rümpfe geben genügend Stabilität, und das große, flache Deck

LINKS | Der Lake Laberge bietet eine malerische Kulisse für unseren Floßbau. Zwei Schläuche tragen souverän die solide Holzkonstruktion, die am Ende immerhin über eine Tonne wiegen sollte. Das war uns zwar vor Baubeginn nicht bewusst – aber alles hat sich schließlich wunderbar gefügt.

UNTEN | Das Kanu haben wir über die Kleinanzeigen einer Zeitung vor Ort gefunden. Wir brauchen es als Beiboot, das zum Filmen und Fotografieren dienen soll, und im Notfall auch als Rettungsboot.

OBEN | Der See am späten Abend. Die Sonne legt sich über die Gipfel, bevor sie kurz hinter dem Horizont abtaucht. Dunkel wird es jetzt für drei Monate nicht mehr, denn die Mitternachtssonne lässt im Sommer die Nacht zum Tag werden.

RECHTS | Patrick ist der Dritte im Bunde bei unserem Yukon-Abenteuer. Als kreativer Kameramann soll er diese Floßfahrt filmen. Wie sich bald herausstellt, ist er auch beim Bau des Floßes eine große Hilfe.

bietet ausreichend Platz zum Sein. Eine kleine Hütte soll uns Schutz bieten. Schutz vor dem Wetter, der Kälte und den Bären, deren pure Anwesenheit mich noch immer mit Misstrauen erfüllt. Mike hat mir erzählt, dass Bären keine beweglichen Teile mögen, deshalb hat er seine Zäune auch so windschief und locker gebaut. Auch das Floß wird sich im Wasser bewegen, und wenn Mike recht hat, dann will dort sicher kein Bär aufsteigen.

Wie dem auch sei: Wir bauen uns ein Floß, lautet die Herausforderung der Stunde. Ein schwimmendes Zuhause, das uns einigermaßen trockenen Fußes bis zur Beringsee bringen soll. Wie zu erwarten, stehen die Menschen mit Erfahrungen in solchen Projekten nicht unbedingt Schlange. Aber wenn ich mir erst etwas in den Kopf gesetzt habe, dann bleibe ich hartnäckig. So wird meine langwährende Suche nach einer guten Basis für das Gefährt endlich auch belohnt: Ich gelange an zwei Dreikammer-Gummischläuche zu je 6,40 Metern Länge, die mir als Schwimmkörper empfohlen werden. Hergestellt in Deutschland, warten sie derzeit in Fairbanks (Alaska) auf ihre neue Bestimmung, also bereits auf der anderen Seite des Atlantiks. Das spart mir den Übersee-Transport. Der Besitzer ist ein Deutscher, der seine letzte Expedition abbrechen musste und diese beiden Gummischläuche in Fairbanks zurückließ. Schnell werden wir uns handelseinig – und damit geht zugleich auch die ursprüngliche Idee über Bord, wie Dr. Dazey und seine Freunde ein Floß aus Müll zu bauen. Der Gedanke, am Ende der Reise einen Berg Müll zu hinterlassen, hatte uns ohnehin nicht behagt, und Fässer sind als Schwimmkörper zudem recht schwer. Was mir vorschwebt, ist ein leichtes Floß, das sich gut steuern und bei Grundberührung schnell wieder freibekommen lässt. Also bastle ich mir in Gedanken mein Floß zusammen, während Weihnachtsduft und Schneegestöber durch Deutschland ziehen und die Tage schließlich wieder länger und wärmer werden.

Bei dieser geistigen Konstruktionsarbeit bin ich nicht lange allein, denn wir haben uns entschlossen, auf unseren Yukon-Trip noch eine dritte Person mitzunehmen: Patrick. Er soll unser schätzungsweise drei Monate dauerndes Abenteuer filmen. Im Gegensatz zu mir scheint Patrick ein Naturbursche zu sein. Er weiß, wie man Holz hackt, und wann immer möglich, läuft er barfuß durch die Welt. Aufgrund der Tatsache, dass wir bald ein Vierteljahr auf engstem Raum zusammenleben werden, verbringen wir jetzt schon viel gemeinsame Zeit, um uns – wie es Patrick formulieren würde – schon mal »ein bisschen aufeinander einzugrooven«. An diesen langen Abenden wird die Sehnsucht nach Wildnis erst richtig entfacht.

PORTRÄT PATRICK SCHILBACH

Ich wurde 1981 im vogtländischen Rodewisch unter dem Sternzeichen Schütze geboren und bin in der Kreisstadt Plauen aufgewachsen. Schon in jenen Kindheitstagen ging es vornehmlich raus aufs Land. Mein Großvater lebte auf einem Vierseithof mit Kfz-Werkstatt und spannte uns Jungs ein, wo es nur ging. Er ließ uns aber auch viele Freiheiten. Nach der Schule absolvierte ich eine Ausbildung zum umweltschutztechnischen Assistenten und erhielt eine Anstellung im Umweltamt der Stadtverwaltung in Plauen.

Meine große Leidenschaft aber galt Kanada. Schon 2007 war ich erstmals im Land unterwegs – vier Wochen lang mit vier Freunden durch den kanadischen Westen. Zwei Jahre später flog ich wieder nach Kanada, diesmal ging es hoch hinaus. 14 Tage streiften wir mit einem Wohnmobil durch die Skigebiete der Rocky Mountains, genossen den Champagne-Powder, die Premiumklasse in Sachen Schnee für erfahrene Snowboarder. Bei unseren Ausflügen hatte ich stets eine Filmkamera dabei, um die denkwürdige Action in atemberaubenden Land-

schaften festzuhalten. Und wie sich schnell zeigte, lag mir die Arbeit mit der Kamera. Mario lernte ich im März 2014 kennen. Der Kontakt kam über einen gemeinsamen Bekannten zustande, welcher mich als fähigen Kameramann mit einschlägigen Erfahrungen empfahl. Mario suchte damals in Vorbereitung des zweiten Teils seines Kanada-Abenteuers jemanden, der für ihn filmen könnte. Wir verstanden uns auf Anhieb – die Kombination schien perfekt, denn schon seit meiner letzten Kanada-Tour hatte ich mir ausgemalt, einmal die Yukon-Region zu bereisen.

Einziger Wermutstropfen: Im April, ein paar Wochen vor Beginn unserer Reise, lernte ich meine spätere Frau kennen. Eine frische Liebe, ausgerechnet kurz vor einem nahezu halbjährigen Trip in die Wildnis! Doch die Entscheidung war bereits getroffen, der Job gekündigt, die Wohnung aufgegeben. Man würde eben mit Telefonaten im Zwei-Wochen-Rhythmus in die Beziehung starten. Und so kann ich mich heute rühmen, einer der wenigen Europäer zu sein, der sämtliche WiFi-Hotspots des Yukon kennt.

LINKS OBEN | Auf dem Weg zu unserem Bauplatz am Lake Laberge verbringen wir eine Nacht am Salmon Glacier. Eindrucksvoll schiebt sich das Eis zwischen den Bergen ins Tal. Nur wenige Kilometer von hier entfernt beginnt bereits Alaska, doch es werden noch Wochen vergehen, bis wir amerikanischen Boden betreten.

LINKS UNTEN | Am Fuße des Gletschers wird sichtbar, wie klein der Mensch in dieser grandiosen Natur ist. Dass ich auf diesem Bild mit meiner Hündin Sunny auf dem Felsen vor dem Gletscher stehe, wird erst bei genauerer Betrachtung deutlich.

Die erste Entscheidung: Wir werden unser Floß nicht direkt in Dawson City bauen, sondern an einem See in der Nähe von Whitehorse, der rund 25 000 Einwohner starken Hauptstadt der Provinz Yukon. Am Lake Laberge, der eher als eine gut 50 Kilometer lange Verbreiterung des Flusses zu beschreiben ist, finden wir optimale Bedingungen. Ende Mai ist es dann endlich so weit. Wir fliegen nach Vancouver, holen unseren Wasserwerfer ab und rumpeln gemütlich die 3000 Kilometer bis hoch nach Whitehorse. Eine ganze Woche lassen wir uns dafür Zeit. Beobachten unterwegs noch Grizzlybären in Stewart und verbringen unweit davon eine sternenklare Nacht am Salmon Glacier. Der fünftgrößte Gletscher Kanadas liegt ziemlich genau an der Grenze zu Alaska und gilt als einer der schönsten und eindrucksvollsten. Wir können das nur bestätigen.

Der Bauplatz am Lake Laberge entspricht genau meinen Vorstellungen. Wir stehen direkt am See, und die Batterien des Wasserwerfers geben genug Strom, um die Werkzeuge zu betreiben. Bevor wir jedoch unsere Schläuche aufblasen, müssen wir erst einmal eine Plattform bauen. Das Holz dafür haben wir bereits in Whitehorse besorgt. Frohgemut machen wir uns ans Werk und verschrauben die dicken Kanthölzer und Latten mit Bolzen. Doch als wir versuchen, das sperrige Gerüst umzudrehen, fährt justament ein straffer Wind hinein, und unser schönes Konstrukt knallt auf die schroffen Steine und bricht auseinander. Zum Glück ist der Schaden nicht groß. Emsig flicken wir alles wieder zusammen und schnallen unser Holzskelett schließlich erfolgreich auf die beiden inzwischen aufgeblase-

15
MERCURY
≈SPREU BOOTE≈
≈SPREU BOOTE≈

nen Schläuche. Ich bin mir nicht sicher, ob der Gummi einem harten Aufsetzen am Grund standhalten wird, kann aber nichts weiter tun, als mich auf die Aussagen des Vorbesitzers zu verlassen, der angeblich gute Erfahrungen damit gemacht hat. Wir zurren die Schläuche und das Holz also mit Spanngurten zusammen und decken das Gerüst mit großen Platten ab. Jetzt sieht unser Bauwerk schon fast wie ein Floß aus. Fehlt nur noch der Aufbau. Aber auch das ist unproblematisch. Wir zimmern uns eine Wohnkabine samt Reling zurecht. Nach knapp zwei Wochen Bauzeit ist Stapellauf. Patrick, Ramona und ich stehen mit breitem Grinsen am Ufer: Unser Floß schwimmt tatsächlich und liegt auch noch perfekt im Wasser.

Am Abend sitzen wir am Lagerfeuer, das Floß liegt in Sichtweite auf dem spiegelglatten See, und die nicht untergehen wollende Sonne taucht alles in ein tiefes Rot. Wir schauen in die Ferne und wissen, dass wir in wenigen Tagen dort hinausfahren werden. Die Felsformation, die sich wie eine Pforte zu unserem Yukon-Abenteuer aus den Fluten erhebt, erinnert uns an einen schlafenden Drachen. Wir nennen sie Drei-Drachen-Tor. Wie bestellt haben sich am Himmel überdies ein Regenbogen und ein Weißkopfseeadler gezeigt, wobei Letzterer schon des Öfteren über unserem Floß seine Kreise zog. Beides jedenfalls inspiriert uns schließlich zu dem Namen, auf den wir unser neues, kleines Zuhause taufen: Rainboweagle – bunt wie der Regenbogen und leicht wie der Adler. Zumindest Ersteres wird direkt umgesetzt, denn Ramona malt farbenfrohe Ornamente und

OBEN | Etwa eine Woche vor dem Auslaufen ist noch viel zu tun: Die Kabine steht noch nicht, und auch eine Solaranlage mit den Bordbatterien soll noch installiert werden.

LINKS OBEN | Der Floßbau. Es dauert seine Zeit, bis die sechs Meter langen Schläuche aufgeblasen sind. Sie waren schon einmal im Einsatz auf dem Yukon und sind hoffentlich ausreichend stabil.

LINKS MITTE | Hier spannen wir das Gerüst für die Plattform mit Gurten an die Schläuche.

LINKS UNTEN | Dieses Bild zeigt das Floß bereits im Wasser. Wir testen eine Halterung für den Motor.

Blumen zur Verzierung auf die Kabine sowie einen Kompass, der uns symbolisch den Weg weisen soll. Auf den Fensterrahmen schreibt sie die Worte: »The simple life«. Ist es das, was wir suchen?

Ich lasse meinen Blick über unsere Konstruktion schweifen und finde sie fast noch schöner als in meinen winterlichen Fantasien. Solide Arbeit, denke ich, auch wenn es eng zugeht. In der Kabine können wir zwar nicht aufrecht stehen, aber dafür bietet sie wenig Windwiderstand. Im Inneren befinden sich zwei Liegebänke, auf denen wir schlafen. Unter und zwischen den Bänken verstauen wir unsere Kisten, die Kameras und die Vorräte, und selbst Schäferhündin Sunny findet noch ein Plätzchen. Strom liefert uns eine kleine Batteriebank, die wir mithilfe einer Solarzelle aufladen, und frisches Wasser wollen wir mittels eines Filters direkt aus dem Fluss gewinnen. Am Heck konstruieren wir zu guter Letzt einen Außensitz, der zugleich auch unsere Toilette sein wird. Natürlich werde ich für meine Idee belächelt und kann mir manchen spöttischen Spruch anhören, doch ich sage nur: abwarten. An die besten Erfindungen hat anfangs auch immer nur ein Mensch geglaubt. Viel wichtiger ist mir außerdem, dass wir dieses schwere Vehikel überhaupt steuern können. Dafür habe ich noch in Vancouver einen alten Außenbordmotor erstanden, einen Mercury 15 HP. Zum Festmachen und Anlegen haben wir einen Flussanker nebst diversen Leinen an Bord genommen und dafür an den Längsseiten zusätzlich noch Klampen angebracht. Unser Gefährt wiegt jetzt etwa anderthalb Tonnen und ist zunächst nicht mehr als die Materialisierung meiner theoretischen Überlegungen. Der Praxistest steht noch aus, aber auch der lässt nicht lange auf sich warten.

Nach drei Wochen sind wir endlich startbereit. Den Wasserwerfer parken wir bei Tracie. Sie lebt unweit des Sees und betreibt dort seit vielen Jahren eine kleine Bäckerei. Meistens finden Camper mit ihren Wohnmobilen den Weg zu ihr, wenn sie auf der Strecke zwischen Dawson und Whitehorse dem Hinweisschild folgen. Bei Tracie gibt es frisches Brot, aber auch den einen oder anderen süßen Leckerbissen, den sie hinter ihrem Tresen hervorzaubert. »Ich habe schon viele Verrückte den Fluss hinunterfahren sehen«, sagt sie und drückt ermutigend meinen Arm. »Manche schaffen es bis Carmacks, andere bis Dawson. Wer gut ist, kommt bis nach Eagle. Doch dann erwarten dich die Yukon Flats, die sind nicht zu unterschätzen.« Das weite Feuchtgebiet der Yukon Flats, wo Yukon, Porcupine und Chandalar River zusammenfließen, liegt bereits in Alaska. Es hat sicherlich seine Tücken und scheint ein wahrer Stolperstein für Abenteuerlustige zu sein. Tracie erzählt, dass es nur sehr wenige bis zur Beringsee geschafft hätten, ja sogar,

LINKS OBEN | Nur noch ein paar Tage bis zum Start. Das Fenster haben Ramona und Patrick auf einer Müllhalde gefunden. Am hinteren Ende des Floßes kann man unseren Toilettensitz erkennen, der auch als Ruheplatz auf dem Yukon dienen wird. Fehlen nur noch Sonnendach und Regenschutz.

LINKS UNTEN | Hübsch ist unsere Kabine geworden. Dieser Liegeplatz ist für Patrick gedacht und 70 Zentimeter breit. Der Gang soll Sunny als Schlafplatz dienen. Ramona und ich werden auf einer 1,40 Meter breiten Pritsche schlafen. Eng, aber gemütlich.

OBEN | Die ersten Kilometer auf dem Yukon. Ruhig treiben wir dahin und leben von nun an im Rhythmus der Natur.

RECHTS OBEN | Rainboweagle, Regenbogenadler, der Name unseres Bootes – als bunter Schriftzug.

RECHTS MITTE | Mindest-Morgenhygiene auf dem Yukon. Gelegenheit zum Duschen bietet sich hingegen nur sehr sporadisch, und von einem Vollbad halten einen die Wassertemperaturen ab.

RECHTS UNTEN | Mein Lieblingsplatz auf dem Floß ist der Steuerstand. Nach und nach lerne ich, den Fluss immer besser zu verstehen.

FOLGENDE SEITEN | Endlich unterwegs in den Weiten Kanadas: Die Wildnis fühlt sich einfach gut an!

dass sie in den vergangenen 30 Jahren nur etwa zehn Leute getroffen hätte, die sich überhaupt dieses Ziel gesetzt hätten. Viele Leute sind einfach nicht darauf vorbereitet, was der Fluss ihnen abverlangt. Dann berichtet sie uns noch von den Tücken des Lake Laberge, denn auch hier gibt es jedes Jahr tödliche Unfälle. Meist sind es Fallwinde aus den Bergen oder schnelle Wetterwechsel, die draußen auf dem See plötzlich meterhohe Wellen entstehen lassen. Tracie hat echte Schauergeschichten auf Lager: »Vor ein paar Jahren haben sie acht Kilometer den See runter eine Menge Ausrüstung am Ufer gefunden. Es gab eine Such- und Rettungsaktion. An Ende fand man noch eine Tasche mit Dokumenten und persönlichen Sachen. Wahrscheinlich hatte ein Sturm über dem See getobt, und der Mann kenterte. Aber er wurde weder tot noch lebendig je gefunden.« Tracies Worte flößen uns Respekt ein, aber mit einem Spaziergang rechnet ohnehin niemand von uns. Mit unserem Floß werden wir ein Winzling sein inmitten einer Weite, die wir uns nur schwer vorstellen können. Trotzdem haben wir ein gutes Gefühl dabei. Und das bestätigt Tracie dann auch abschließend: »Passt mir nur auf! Der Yukon hat seine Tücken und ist unberechenbar. Aber ihr schafft das schon.«

Als wir endlich aufbrechen, erwischen wir einen guten Tag. Spiegelglatt liegt der See. Ich schnitze mit dem Messer eine Kerbe ins Holz des Floßes. Yukon-Time, Tag 1. Leinen los! Wir tauchen ein in den Fluss der Zeit und treiben langsam gen Norden.

RAINBOW

SPREU BOOTE
SPREU BOOTE

GOLD STEIN

AUF PILZEN

»Ich liebe den Yukon,
er gibt so viel Raum und Freiheit.«

GORD

Kurz bevor sich der See an seinem Nordende wieder zum Flusslauf verengt, verbringen wir unsere erste Nacht draußen. Die Wildnis hat uns verschluckt, einfach so. Happs, weg waren wir. Demütig kriechen wir in unsere Schlafsäcke und lauschen den Geräuschen, die die Natur für uns bereithält. Ganz sacht nur plätschert der Lake Laberge an seinem Saum, mal krächzt ein aufgebrachter Vogel, dann pfeift es von der anderen Seite zurück, ab und an knackt ein dürres Hölzchen irgendwo im Wald. Der beginnt gleich hinter dem steinigen Ufer, an dem wir mit dem gelegentlichen Kratzen und Schaben unseres Floßes zur nächtlichen Sinfonie beitragen. Im Vergleich zu dem Konzert eines tropischen Regenwalds herrscht jedoch nahezu meditative Ruhe, sogar der Wind hat sich zum Schweigen verpflichtet. Meine heimlichen Befürchtungen, dass uns zur Geisterstunde etwa der mächtige Grizzly-Häuptling heimsuchen könnte, bleiben glücklicherweise Hirngespinste. Ich hatte mir beim Anlegemanöver größte Mühe gegeben, wenig Geräusche zu verursachen – was allerdings auch in Rücksichtnahme auf die Schwimmschläuche geschah, die nicht schon am ersten Tag an einem spitzen Stein scheitern sollten. Wir zurrten das Kanu, das wir als Bei- und Rettungsboot im Schlepptau haben, fest und spannten eine Plane über die dicken Holzscheite, welche wir noch vom Campingplatz mitgenommen hatten. Falls uns die Söhne der Großen Bärin also vorm Zubettgehen ausgekundschaftet haben sollten, ausgeschlossen ist das nicht, dachten sie sicherlich: Was sind denn das für seltsame Vögel? Die nehmen Holz mit in die Wildnis! Irgendwie ist uns klar, dass wir letztlich nicht wirklich wissen, worauf wir uns hier eingelassen haben.

LINKS | Mit stotterndem Motor laufen wir in Carmacks ein und treffen dort auf Gord und seine Frau Shaw, deren Lebenselixier Yukon Gold, das lokale Bier, und selbstgedrehte Zigaretten sind.

LOGBUCH RAMONA 9

02.07.2014 | LAKE LABERGE | 61°21'35''N 135°13'46''W

Heute haben wir die erste Nacht draußen verbracht und auf dem Floß geschlafen. Die leichte Bewegung, die man auf dem Wasser spürt, erinnert mich daran, wie ich als Kind von meiner Mutter umarmt wurde und ihre Atmung spürte. Also ist das vielleicht der Atemrhythmus der Natur. Und was mich auch fasziniert: Ich blicke mich um und sehe nichts als Landschaft. Keinen Strommast, keine Antenne, gar nichts. Wir sind jetzt richtig draußen. Ich bin glücklich.

Am nächsten Morgen erwachen wir früh, munter und unbeschadet. Das Wasser ist kalt und klar, und ich kann bis zum Grund schauen. Auf dem See, der sich gestern so spiegelglatt unter unser Floß legte, hatte unser Mercury Fifteen Horsepower noch ohne zu murren seinen Dienst getan, aber jetzt stottert

RECHTS OBEN | Gord verdient sein Geld mit Pilzesammeln. Da er ständig unterwegs ist, ist das Wohnmobil, das er erst kürzlich günstig erworben hat, für ihn das perfekte Zuhause.

RECHTS UNTEN | Das Wohnzimmer von Gord und Shaw ist ein wirklicher Lebensmittelpunkt. Hier findet alles statt: essen, schlafen, rauchen – und sogar am Laptop recherchieren. Auf dem Bild nicht sichtbar sind die beiden Wellensittiche, deren Käfig rechts oben auf dem Schrank steht.

er vor sich hin und versagt in den niedrigen Drehzahlen komplett seinen Dienst. Der Motor ist sehr wichtig für uns, ohne ihn wird es schwer, an- und abzulegen und das Floß auf Kurs zu halten. Wir probieren es mit den Rudern, die wir für den Notfall zusammengeschraubt haben, aber es gestaltet sich sehr mühevoll. Also nehme ich den Vergaser auseinander – ohne Erfolg. Und so laufen wir mit dem stotternden Mercury schließlich in Carmacks ein, einer kleinen Siedlung auf halbem Wege zwischen Whitehorse und Dawson. Hier leben knapp 500 Menschen. An einer zugewachsenen Böschung vor dem Ort machen wir das Floß fest und begeben uns auf die Suche nach einem Mechaniker. Fündig werden wir leider nicht.

Als wir jedoch über den halbleeren Campingparkplatz hinter der Tankstelle spazieren, spricht uns ein zottiger Mittfünfziger an: »Willst'n Bier?« Im selben Atemzug drückt er jedem von uns eine Dose in die Hand – und kurz darauf hocken wir schon vor einem alten Wohnmobil und erfahren von wertvollen Pilzen, die in abgebrannten Wäldern wachsen. Gord, so stellt sich unser Gastgeber vor, bestreitet damit den Lebensunterhalt für sich und seine Frau Shaw. »Das schwarze Gold des Yukon«, nennt er die Morcheln, die nur nach Waldbränden aus dem Boden schießen. Eine weltweit sehr begehrte Delikatesse und dementsprechend teuer. Gord klaubt einen Pilz aus seinem Eimer und hält ihn mir vor die Nase: »Der hier in Frankreich auf dem Teller eines Restaurants kostet mindestens 25 bis 30 Dollar.« Gord lacht. »Ihr werdet die heute Abend essen. Gratis.« Nun, während er uns ein paar Pilze einpackt, beginnen mich diese kleinen Morcheln zu interessieren. Und ebenso Gord und Shaw und ihr Leben am Rande der Wildnis.

Gord ist gebürtiger Schotte. Er kam 1965 mit seinen Eltern auf der RMS Carinthia, einem der großen Ozeandampfer, die damals den Transatlantikverkehr abwickelten, nach Kanada. Aufgewachsen in Windsor in Ontario, habe er später in Montreal gelebt, dort irgendwann Probleme mit den Hells Angels bekommen und habe sich dann abgesetzt. »Ich bin lange Zeit durch Kanada getrampt, hab auf Farmen gearbeitet und mir meine Brötchen als Holzfäller verdient. Bis ich dann eines Tages ins Yukon-Gebiet kam.« Gord wurde sesshaft in Whitehorse, schnitt viele Jahre als einfacher Arbeiter Feuerholz und lebte zu jener Zeit allein in einer kleinen Hütte. Acht Jahre später habe er seine wunderschöne Frau Shaw kennengelernt und sei mit ihr auf Tour gegangen. »14Jahre ist das jetzt her«, rechnet Gord vor. »Wir sind erst seit Kurzem wieder zurück in Yukon. Weißt du, ich liebe einfach diese Freiheit hier oben! Ich kann mir beim besten Willen nicht vorstellen, jemals wieder dem Rhythmus der Stechuhr einer Sägemühle zu folgen.« Dann breitet er seine Arme aus, dreht sich dem Wald zu und ruft: »Das hier ist mein Zuhause,

BIGFOOT

OBEN | Abgebrannte Wälder sind Gords »Jagdrevier«. Hier wachsen die seltenen Pilze, in die er, wie er es selbst ausdrückt, verliebt ist.

RECHTS OBEN | Gord auf Hochtouren. In wenigen Minuten brechen wir zum Pilzesammeln auf. Er weiß ganz genau, wo man fündig wird.

RECHTS UNTEN | In den Wäldern lenkt Gord sein Wohnmobil selbst. Ansonsten fährt er eher ungern – denn er hat schon lange keinen Führerschein mehr.

mehr Platz brauche ich nicht!« Gord geht jeden Tag für ein paar Stunden Pilze sammeln. Shaw bleibt hingegen lieber entspannt im Wohnmobil, wenn Gord im Wald unterwegs ist. Und obwohl er lieber allein loszieht, dürfen wir ihn für einen Tag begleiten. Bereits die Anfahrt ist abenteuerlich. Gord donnert mit seinem Wohnmobil über die staubigen Pisten, als gäbe es kein Morgen mehr. Auf diese Weise dringen wir etliche Kilometer weit in ein Gebiet vor, wo sich die Bäume gerade wieder von einem schweren Brand erholen, der im Jahr zuvor in dieser Gegend gewütet hat. Solche Waldbrände, das haben wir schon in Labrador erfahren, sind in den Weiten Kanadas keine Seltenheit. Sie sind sogar von einiger Bedeutung für die natürlichen Kreisläufe in der Wildnis. Der natürliche Kreislauf von Gord hingegen ist etwas anders beschaffen. Routiniert schnallt er sich einen Biergürtel um die Hüfte, in dem vier Büchsen Gerstensaft stecken, schnappt sich zwei Eimer und empfiehlt mir umsichtig, sein langarmiges Shirt anzulegen. »Dort drinnen gibt es Mücken und diese lästigen schwarzen Fliegen. Du wirst es brauchen.« Ohne meinen Garderobenwechsel abzuwarten, stürzt er schon zielgerichtet auf den lichten Wald zu. Man kann gut zwischen den tiefschwarzen, ausgebrannten Bäumen hindurchsehen. Kein Unterholz wuchert, Niedrigwuchs hat das Inferno nicht überlebt. Für mich sieht zunächst alles gleich aus, doch Gord kennt seine Stellen genau und sucht mit geschultem Auge den Waldboden ab. Es dauert nicht lange, bis er unvermittelt in die Hocke geht und beginnt, eine Gourmet-Morchel nach der anderen abzuschneiden und in seine Eimer zu sortieren. »Hier, schau dir diese Stelle an, die ist optimal«, winkt er mich eilig heran. »Hier gibt es guten Boden, und an beiden Seiten sind Hänge. Hier unten stehen viele.« Dann deutet er auf eine spitze, schwarze Kappe, die sich ihren Weg ans Tageslicht gebahnt hat. »Der ist noch zu klein, aber wenn ich nächste Woche wiederkomme, dann stehen hier fünf oder sechs Brüder und Schwestern herum.« Gord lacht spitzbübisch und zieht weiter. Zwei Stunden später sind die beiden Eimer voll. »Gute Ausbeute«, befindet er. »Dafür bekomme ich ungefähr 250 kanadische Dollar. Das reicht, um ein paar Packen Bier und Tabak zu kaufen.« Gord ist Kettenraucher und Alkoholiker, das ist ihm bewusst.

Seit gut 20 Jahren treibt er sich nun schon in den Wäldern herum. Nicht des Geldes wegen. Es ist das Abenteuer, das ihn hinaus in die Wildnis lockt. Je tiefer der Wald, umso besser. »Die Leute bezahlen heute eine Menge dafür, an Plätze zu gelangen, wo ich jeden Tag hinkomme«, sagt er und grinst mich dabei über die Schulter an. Natürlich ist ihm auch schon alles über den Weg gelaufen, was Kanadas Tierreich zu bieten hat. »Bären, Elche, Wölfe – jede Kreatur, die hier draußen lebt.« Nur trifft er diese Wesen vorzugsweise allein. »Ach, ich nehme nicht gerne jemanden mit in den Wald. Dann muss ich so viel aufpassen und alles erklären. Das mag ich nicht.« Nach einer kurzen Pause fügt er hinzu: »Überhaupt mag ich die Menschen an sich nicht besonders.« Gord ist ein waschechter Einzelgänger, der ungestört die Natur und sein Vagabundenleben genießen will. Nur eine Ausnahme lässt er zu. »Shaw, kannst du mir bitte eine Zigarette drehen?«, ruft er in Richtung Wohnmobil seiner Frau zu, die in ihre Träume vertieft scheint. Mit ihr zieht er von Ort zu Ort.

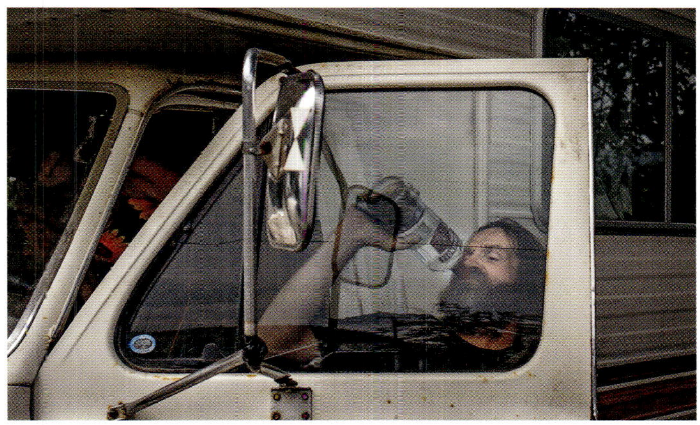

Stolz präsentiert Gord mir sein nagelneues GPS-Gerät. Die moderne Technik scheint mir nicht wirklich zu ihm zu passen, er ist eher ein Typ der Sorte »Alter Boyscout«, der seinen in die Jahre gekommenen Kompass aus der Hosentasche fischt und in die Sterne schaut. »Hab ich seit gestern erst. Jetzt kann ich von überall auf der Welt nach Hause finden!« Nach Hause?

RECHTS | Gord macht das, was er gerade möchte. In gewisser Weise ist er ein Freigeist. Der Norden gibt ihm den Platz, den er für sein außergewöhnliches Lebensmodell braucht. Im Moment scheint zwar der Alkohol sein Leben zu bestimmen, aber er hat ein gutes Herz.

UNTEN | Morcheln – das sind die Pilze, die Gords Überleben sichern. Sie wachsen in den abgebrannten Wäldern Kanadas und sind weltweit begehrt.

Wo soll das sein? Gord zuckt wieder mit den Schultern. Der Platz eben, wo er gerade ist, wo sein alter, klappriger Camper steht. Ein richtiges Zuhause haben die beiden Pilz-Nomaden längst nicht mehr. »Wenn ich hier fertig bin, gehe ich vielleicht für ein paar Wochen zu Wolfgang nach Tofino. Das liegt auf Vancouver Island. Dort ist es wunderschön.«

Sein Freund Wolfgang war es, der den damals Mitte-30-Jährigen auf die Nummer mit den Pilzen gebracht hat. »Der Winter kam gerade übers Land gekrochen, und mein Zelt wurde zu ungemütlich für diese Jahreszeit. Also hab ich mich bei Wolfgang einquartiert. Der hatte in der Nähe von Clearwater eine Hütte. Er hat mir dann von den seltenen Pilzen erzählt. Na ja, und diese Dinger haben mich dann sofort fasziniert.« Ein Zuckerschlecken ist die Sammelei trotzdem nicht. Tatsächlich verrichtet Gord im Wald harte Arbeit. Die meilenweiten Fußmärsche zehren an der Substanz, die ständig gebückte Haltung geht auf die Knochen. Und dann sind da noch: die Moskitos, die Bären, steile Hänge und die Nässe. So gesehen sind die Dollars schwer verdient, aber Gord liebt diesen Job, weil die Freiheit überwiegt. »Jedes Jahr bin ich woanders, heute hier, morgen dort. Wer weiß das schon?« Das nächste Feuer wütet bereits, hat er gehört. Nur rund einhundert Meilen von hier, oben im Norden. Genau dort, wo jetzt gerade der Wald lichterloh in Flammen steht, wird es im kommenden Jahr wieder guten Boden für seine Morcheln geben, 28 000 Hektar verbrannte Erde. Allerdings soll das Gelände unübersichtlich und das ganze Gebiet nur schwer erreichbar sein, voller steiler Hänge, die das Sammeln mühselig machen. Vermutlich werden sich dort nicht viele auf der Suche nach Morcheln einfinden. Gord grinst: »Ich vielleicht schon.« Es wäre eine Option. Mal schauen. »Shaw, kannst du mir bitte eine Zigarette rollen!«, wiederholt er geduldig sein Rufen.

Fast jeden Tag geht Gord Morcheln suchen. »Ich kann nicht von früh bis abends nur rumsitzen. Manchmal bin ich zwölf Stunden am Stück im Wald, manchmal nur einen Vormittag unterwegs.« In einer Woche will er etwas weiter nach Osten ziehen. »Ich hab dort einen Einkäufer gefunden, für den ich die Pilze sammeln werde. Das ist ganz gut für mich. Ich kriege zwar zwei Dollar weniger für ein Pfund, aber dafür werden meine Körbe aus dem Wald gefahren und ich muss sie nicht die ganze Strecke heraustragen.« Das ist ein weiterer Aspekt, der die schmackhaften Pilze so wertvoll macht. Sie wachsen erstens nur auf abgebrannten Flächen, sind zweitens schwer zu finden und müssen drittens irgendwie aus der tiefen Wildnis in die Zivilisation transportiert werden. Hinzu kommt, dass der Mensch dazu neigt, wilde Feuer zu löschen. »Solange es keine Ortschaft gefährdet, sollte man es brennen lassen«, glaubt Gord. »Für die Natur ist es eine gute Sache.« Außerdem habe sich herumgesprochen, dass mit den Morcheln ein gutes Geschäft zu machen ist, von dem eben vor allem jene Siedlungen in der Nähe verkohlter Waldstücke profitieren können. Gord nimmt einen kräftigen Schluck aus seiner Bierdose. »Trinke ich seit 30 Jahren, diese Marke. Schmeckt gut und beschert einem am nächsten Tag einen ordentlichen Kater.« Dann wendet er sich wieder seinem Fachgebiet zu und zeigt mir eine Morchel. »Schau, sie hat bereits zwei Lagen. Wenn ich in zehn Tagen zurückkomme, wird sie schon dreilagig sein. Sie wachsen förmlich in sich hinein und werden immer größer.« Dann pflückt er sie aber doch, hält sie sich vor die Augen wie einen seltenen Edelstein und schwärmt: »Das ist das Bild eines perfekten Pilzes. Ein Kompliment an Mutter Natur! Sie lässt diese kleinen Babys in abgebrannten Wäldern wachsen. Du kannst sie nicht auf einer Farm züchten. Du findest sie nur auf verkohlter Erde.« Sie würden ihn immer wieder aufs Neue überraschen. Er hält den Pilz weiter hoch. »So eine Schönheit. Ich bin so verliebt in diese Dinger.« Gords Augen strahlen. Auf seinem T-Shirt steht: »Camp-Champ 1998«. Ein Wettbewerb um die Suche nach der größten Morchel, den Gord damals gewonnen hat. 9,26 Dollar brachte jenes einzelne Siegerexemplar. »Stand in einem Wald mit großen, dicken Bäumen«, erinnert er sich. »Da ging es steil nach oben. Der Wind blies mir zwischen den Stämmen seinen eiskalten Atem ins Gesicht. Da stand dann auf einmal dieser Prachtkerl. Aber man weiß ja: Wo einer steht, gibt es noch mehr.« Gord schmunzelt. Er hat dort die Morcheln zu Hunderten abgeschnitten. 5600 Dollar in sechs Tagen. Seine allerbeste Ernte bisher.

Erstaunt frage ich, ob Gord schon 10 000 Dollar auf der hohen Kante liegen hat. Aber er winkt nur leise ab. In solchen Kategorien denkt er nicht. Nicht mehr. Vielleicht hat er das nie wirklich getan. »Im Prinzip ist mir das Geld egal«, meint er gleichgültig. »Solange nur genug für Bier und Tabak da ist. Der Rest regelt sich irgendwie von selbst. Um ehrlich zu sein, sammle ich die Morcheln nur wegen ihrer Schönheit.« Er breitet die Arme aus und dreht sich einmal um die eigene Achse.

BIG O TIRES
BIGFOOT

»Sieh doch, hier habe ich meine Ruhe und alles, was ich zum Überleben brauche. Die Menschen wollen alle immer nur Geld, Geld, Geld. Das macht sie blind.« Morgen werde er sich auf den Weg nach Carmacks machen und dort 200 Pfund Elchfleisch bekommen. Er erzählt, dass er mit den Leuten hier oben oft Tauschhandel betreibt. »So ist das hier in Yukon. Alle sind wie Brüder, man hilft sich gegenseitig.« Hilfsbereitschaft scheint einer der dominanten Charakterzüge Gords zu sein. Er bekräftigt, dass er immer helfen würde, wenn jemand in Schwierigkeiten steckt: »Ich werde auf jeden Fall helfen. Das Ding ist nur, wenn ich Hilfe brauche, dann gibt es leider nur sehr wenige Menschen auf diesem Planeten, die etwas für mich tun würden.« Gord sagt das gelassen, ohne jede Anklage. Er weiß, dass ein herumstreunender Alkoholiker wie er nicht viel von der Welt erwarten kann. Das hat ihn sein ganzes Leben gelehrt. »Verrückte Familie, Obdachlosigkeit, man hat mich geschlagen und ins Gefängnis gesperrt«, fasst er zusammen. Seine Papiere hat er vor Jahren beim Kentern mit einem Kanu verloren. Mittlerweile lebt er illegal in diesem Land, offiziell existiert er gar nicht mehr in Kanada. »Ich kann mich nirgendwo registrieren lassen, nicht mal in der Lotterie könnte ich gewinnen, das würde sofort auffallen. Die wollen dann meine Kriminalakte sehen und wissen, wo ich die letzten fünf Jahre gelebt habe. Aber das weiß ich selbst nicht so genau.« Gord lacht: »Vielleicht hab ich ja mehr Glück im nächsten Leben …«

Also meidet Gord die Menschen lieber, so gut es geht. Fristet sein Dasein am Rand der Gesellschaft und setzt sich nur sehr bescheidene Ziele. Dass er sich um seine Enkel kümmern will zum Beispiel, dass er ihnen noch etwas vermitteln will, was sie stark macht, um in dieser Welt zu bestehen. Und natürlich Shaw, mit der ihn eine tiefe Liebe verbindet. Er hofft, dass sie ihre angeschlagene Gesundheit wieder in den Griff bekommt. Außerdem wollen sie hoch nach Dawson, wo Gord etliche Leute kennt. »Dann werde ich mein Wohnmobil einfach irgendwo hinstellen, mir bei einem meiner Freunde Strom besorgen und den ganzen Tag dasitzen, Bier trinken und Musik hören.« Keinen Techno, Pop oder Hiphop. Sehr wohl aber Neil Young, Pink Floyd, die Beatles, die Stones und Simon & Garfunkel, mit denen er quasi aufgewachsen ist. Wie viel Zeit ihm dafür bleibt – wer weiß. Vielleicht habe er noch 20 Jahre zu leben, mutmaßt Gord, der mit seinen Morcheln im Moment immerhin genug verdient, um sich und Shaw durchzubringen. Doch wie soll das werden, wenn er mal alt ist? Gord setzt sich symbolisch eine Spritze an den Arm: »Goodnight, Irene«. Schweigend stapfen wir zum Fahrzeug zurück.

Gord will uns helfen, den kaputten Mercury Fifteen Horsepower zurück nach Whitehorse zu bringen. Er habe dort ohnehin einige Besorgungen zu machen,

LINKS OBEN | Gord und Shaw haben mich nach Whitehorse begleitet, um den Motor reparieren zu lassen – ein echter Freundschaftsdienst. Jetzt legt Shaw sich schlafen. Konventionen spielen bei den beiden keine Rolle – auch eine Art von Freiheit.

LINKS UNTEN | Die Morcheln sind für Gord Geldquelle und dank ihrer vielfältigen Formen kreative Inspiration (wie man hier sehen kann). Wenn Gord von diesen Pilzen spricht, spürt man eine große Bewunderung und sogar Dankbarkeit

OBEN | Gord nach einem anstrengenden Tag. Satt und müde schläft er vor unseren Augen am Tisch ein.

RECHTS | Gord und ich verstehen uns auf Anhieb. Er hat mir sofort vertraut und alle Hebel in Bewegung gesetzt, um uns zu helfen und den kaputten Motor wieder flottzukriegen.

und wir könnten seinen alten Camper nehmen. Einzige Bedingung: Ich soll fahren, denn einen Führerschein hat Gord nicht mehr. Nach ein paar kurzen Überlegungen hieve ich mich hinter das Steuer des wackeligen Wohnmobils, das Gord günstig von seinem Schwager erstanden hat. »Du bist ein guter Fahrer. Du schaffst das«, setzt er sein volles Vertrauen in mich, obwohl er mich noch keinen Meter hat fahren sehen. Ich bin schließlich per Floß in Carmacks angekommen. Während ich das Wohnmobil die ersten Kilometer in Richtung Whitehorse rollen lasse, füttert Gord seine Wellensittiche, die in einem großen, weißen Käfig über dem Tisch hängen. Er schaut sich seine Vögel an und sagt: »Wir haben viele Menschen auf dieser Reise kennengelernt. Nur darum geht's. In der Welt dreht sich alles nur um Konformität und darum, ein Schaf zu sein. Zum Teufel damit! Wir sind freie Geister und tun, was uns gefällt.« Shaw indes hat es sich auf dem Bett gemütlich gemacht und träumt wieder vor sich hin. Nach vier Stunden haben wir die Stadt erreicht. Gord lässt mich an einem unscheinbaren Flachbau stoppen. Er geht hinein und kommt mit zwei großen 24er-Packs Bier zurück. »Wenn ich in Whitehorse bin, hole ich immer nur hier mein Bier«, klärt er mich fröhlich grinsend auf. »In diesem Store ist es am billigsten.« Dass das eigentliche Ziel unseres Ausflugs weniger leicht zu erreichen ist, sollte sich bald herausstellen. Überhaupt eine Werkstatt zu finden, gestaltet sich schon schwierig. Außerdem ist gerade Hochsaison, und man bedeutet mir, ich könne erst in vier bis sechs Wochen einen Termin bekommen. Bis in den späten Nachmittag fahnden wir unverdrossen weiter und treffen schließlich doch noch einen Mechaniker, der sich den Mercury einmal ansieht. »Du hast Wasser im Benzin«, stellt er seine Diagnose. »Das kommt hier oft vor.« Wir sollten einfach einen Filter dazwischenschalten, der das Wasser separiert. Ich packe also einen solchen Filter ein und trete mit dem Vagabundenpärchen die Heimfahrt an.

Auf der Rückfahrt wird es dann noch mal chaotisch. Gord hat für seine Shaw einen gigantischen Berg Fastfood im Wert von 50 Dollar gekauft, da seine Herzdame ihn lange genug genervt hat, ein paar Hühnerbeine mehr einzupacken. Die beiden verstricken sich in einen lautstarken Streit, der an der simplen Frage entbrennt, wer nun wem eine Zigarette dreht. Ich bin einige Male kurz davor auszusteigen, meinen Motor zu schultern und den Rest des Weges zu Fuß zurückzulegen, füge mich letztlich aber in mein Schicksal. Zwölf Stunden hat unser Ausflug gedauert. Als ich den Camper in Carmacks wieder einparke, macht sich Shaw schon bettfertig, und Gord hängt bereits schlafend mit seinem Hamburger über dem Tisch. War ein langer Tag. Auch für mich, aber das Ergebnis zählt: Der Mercury funktioniert wieder, und somit können wir morgen weiter.

LOGBUCH MARIO 9

10.07.2014 | ANKERPLATZ NACH CARMACKS | 62°21'30"N 136°27'11"W

Ruhiger Abend am Lagerfeuer. Die Begegnung mit Gord und seiner Frau beschäftigt mich noch eine ganze Weile. Einerseits das Sammeln der Pilze tief im Wald und ein Zigeunerleben – ein schönes Sinnbild für Freiheit. Andererseits bestimmt der Alkohol den Alltag des Pärchens, das überdies jede Begegnung mit Behörden tunlichst vermeidet. Also das genaue Gegenteil von Freiheit. So richtig schlau werde ich aus diesem Lebensmodell nicht. Die beiden haben sich das gewiss nicht von Anfang an so ausgedacht. Es ist einfach so gekommen. Gord hat mir viel über sein nicht eben einfaches Leben erzählt. Was mich verblüfft, ist, dass seine herzensgute Ader über die Verbitterung so triumphiert. Wo findet man das heute noch, dass dir einer am ersten Tag sein Auto, sein ganzes Hab und Gut, anvertraut? Selbst wenn es in deinen Augen wertlos sein mag, für ihn ist es alles. »Du bist mein Freund«, hat er gesagt. »Und egal, wie es ist, ich helfe dir.« Was für ein Charakter!

SCHIFFBRUCH

»Was kümmert mich der Schiffbruch der Welt, ich weiß von nichts als meiner seligen Insel.«

FRIEDRICH HÖLDERLIN

Nur wenige Kilometer hinter Carmacks passieren wir die Five Finger Rapids. Diese Stromschnellen liegen in einer Flussbiegung und haben früher so manchen Goldsucher das Leben gekostet. Wir halten uns rechts, wie uns empfohlen wurde, ich lasse den Motor laufen und steuere auf die schmale Einfahrt zu, die sich zwischen zwei Felsen auftut. Das Wasser beginnt, unruhig zu werden, und lässt eine leise Ahnung heraufdämmern, welche Urgewalten diesem Fluss innewohnen. Doch unser Floß stampft wacker und unversehrt durch die Stromschnellen hindurch. In diesem Moment gelingt einem Urlauber aus Freiburg ein Foto. Er steht genau über uns auf einer Aussichtsplattform, was wir zu diesem Zeitpunkt natürlich weder sehen noch wissen können. Erst viele Monate später wird er mir bei einem meiner Vorträge begegnen und sein Foto zeigen: unsere Floßdurchfahrt bei den Rapids aus der Vogelperspektive.

LINKS | Ein entspannter Tag auf dem Yukon. Die Strömung schiebt uns langsam in Richtung Beringmeer. Noch liegen über 2000 Kilometer vor uns.

UNTEN | Was für ein schöner Moment! Als unsere Gasflasche kurz nach Fort Selkirk leer ist, kommt ein Schnellboot und bringt uns Ersatzflaschen – perfektes Timing.

FOLGENDE SEITEN | Unser Floß Rainboweagle in den Fängen der Five Finger Rapids. Dieses Foto hat Christoph Bausch geschossen, den ich damals nicht kannte, der mich aber später in Deutschland ansprach und uns das Bild freundlicherweise zur Verfügung stellte.

LOGBUCH MARIO 10

13.07.2014 | ANKERPLATZ NACH CARMACKS | 62°21'30"N 136°27'11"W

Für uns bricht die wohl schönste Zeit auf dem Yukon an. Wir leben im Rhythmus der Natur und treiben langsam durch die Wildnis. Der Mercury kommt nur zum Einsatz, wenn wir zu nah auf eine Insel zudriften oder der Tiefenmesser eine Flachstelle ankündigt. Während ich die meiste Zeit am Steuer stehe und versuche, irgendwie den Fluss zu lesen und hinter seine Geheimnisse zu kommen, beschäftigt sich Ramona damit, ein Brot zu backen. Es dauert seine Zeit, bis es fertig ist, aber dafür schmeckt es ausgezeichnet. Wir geben dem Brot den Namen Rungis. So hießen früher bei uns die starken Kerle, und genauso soll auch unser Brot sein, groß und kräftig. Wir genießen das Gefühl, im Fluss der Zeit zu treiben. Ramona macht es sich auf dem Klositz bequem und badet in den warmen Sonnenstrahlen des Nachmittags. Patrick schnitzt kleine Figuren aus Holz. Ich bin froh, ihn mit an Bord zu haben, anderenfalls wären unsere bisweilen abenteuerlichen An- und Ablegemanöver sehr schwierig geworden. Auch die ersten kleinen Probleme haben wir gut gemeistert. Als unsere Gasflasche zum Beispiel leer wurde, versuchten wir, in Fort Selkirk Ersatz zu finden. Doch das alte Fort liegt abseits der normalen Versorgungswege, Nachschub war dort nicht zu bekommen. Kurz nach der Station überholten uns zwei Männer mit ihrem Motorboot. Dass wir Gas brauchen, hatte wohl im Fort die Runde gemacht.

OBEN | Patrick bei einem seiner zahlreichen Angelversuche. Leider ist ihm das Anglerglück nur einmal hold.

RECHTS OBEN | Die Tage auf dem Yukon sind in diesem Abschnitt entspannt – Patrick vertreibt sich die Zeit mit Schnitzen.

RECHTS MITTE | Ramona backt Brot, eine Tätigkeit, die mehrere Stunden in Anspruch nimmt. Das Ergebnis ist immer ein Hochgenuss und fast immer in wenigen Stunden aufgegessen.

RECHTS UNTEN | Ein eiskaltes Bad im Yukon – hier haben wir eine flache Stelle gefunden, wo die Sonnenstrahlen das Wasser etwas aufwärmen konnten.

Sie gingen längsseits, überreichten uns zwei Ersatzflaschen und wünschten uns viel Glück. Der einzige Wermutstropfen in meiner heilen Welt ist mein knurrender Magen. Wir haben uns mit dem Essen verkalkuliert, die Vorräte sind fast aufgebraucht, die Portionen deshalb knapp bemessen, und der frische Fisch, den uns Patrick fangen will, bleibt auch lieber im Wasser. Fazit auch dieses Tages: Was du erwartest, bleibt gewiss aus, aber unverhofft kommt oft.

Der Yukon hat inzwischen riesige Ausmaße angenommen. Viele Nebenflüsse vereinen sich mit dem Strom auf seinem langen Weg zur Beringsee. Und spätestens als der White River in den Yukon mündet, kommen nun auch die weißen Sedimentteilchen hinzu, die dem Fluss seine typisch trübe Farbe geben.

Wir kommen gut voran, und es sind nur noch ein paar Tage bis Dawson City. Ich stehe allein an Deck, als ich plötzlich Hunderte Meter von uns entfernt eine flüchtige Bewegung wahrnehme. Durch mein Fernglas erblicke ich einen Mann, der aufgeregt am Ufer einer der vielen kleinen Inseln mitten im Strom auf- und niederspringt. Er winkt mit beiden Armen und scheint etwas zu rufen. Angestrengt versuche ich, in die Ferne zu lauschen. Der Wind steht günstig und weht unmissverständliche Wortfetzen an mein Ohr: »Help ... no water ... Help!« Obwohl wir mittlerweile an ihm vorbeigetrieben sind, finden wir bald eine Stelle, an der wir anlegen können. Nun ist guter Rat teuer, denn wir müssen den Fluss queren,

haben wir doch ebenfalls an einer Insel angelegt. Mit dem Floß können wir nicht zurückfahren, die Strömung ist zu stark. Also schnappen Patrick und ich uns das Kanu und ziehen es am Ufer bis zur Spitze der Insel. Gute 200 Meter Fluss gilt es zu überwinden bis zu dem Schiffbrüchigen, aber das ist leichter gesagt als getan. Was, wenn wir abtreiben? Es ist gefährlich, hier irgendwo in der Wildnis zu verschwinden. Die Chancen, je wieder gefunden zu werden, sind gering. Wir halten Kriegsrat. Und beschließen, dass Patrick allein versuchen wird, mit dem Kanu zur anderen Seite zu gelangen. Sollte er abtreiben, kann ich Hilfe holen. Dawson City ist nur noch etwa 50 Kilometer den Fluss hinunter, dort gibt es Motorboote und Leute, die den Yukon wie ihre Westentasche kennen.

Mit aller Kraft paddelt Patrick gegen die Strömung an und schafft es tatsächlich, die gegenüberliegende Insel zu erreichen. Zwar ein paar Hundert Meter weiter stromabwärts, aber damit eine Strecke, die er das Kanu durchaus ziehen kann. Und etwa eine Stunde später ist er auch schon wieder bei uns, zusammen mit einem Mann namens Jason und dessen Hund Steve. Seit über zwei Tagen schon sitzen die beiden hier fest. Sein Boot sei in schnelles Fahrwasser geraten, berichtet Jason. Er habe keinerlei Kontrolle mehr gehabt. Plötzlich war da dieser große Ast, der das Boot aufzuspießen drohte. Jason trieb sein Paddel hinein, um sich abzustoßen, aber der Ast bohrte dennoch ein großes Loch durch den Gummi. Das Paddel hingegen blieb im Ast stecken. Jason erlitt Schiffbruch. Ausgehungert ver-

schlingt er erst mal eine unserer letzten Dosen Linsen, die ihm Ramona warmgemacht hat. Steve macht sich gleichzeitig über eine große Portion Trockenfutter her. Meine Hündin Sunny steht etwas irritiert daneben und schaut zu. Sein zerfetztes Gummiboot hat Jason zusammengerollt und in unser Kanu geschmissen. Insgesamt scheint er für einen Trip in die Wildnis fragwürdig leicht ausgestattet.

LOGBUCH RAMONA 10

13.07.2014 | YUKON RIVER, KURZ VOR DAWSON CITY | 63°37'35"N 139°25'18"W

Die haben mich zurückgelassen, alleine auf dem Floß! Die Zeit war wie angestemmt. Ich versuchte, mit Sunny durch den Wald zur Inselspitze zu gelangen, aber es war unglaublich schwierig, sich durch die Wildnis zu schlagen. Irgendwann hatte ich mich dann so verfranzt, dass ich nicht mehr weiterkam. Die Böschung zum Fluss war meterhoch. Das war der Punkt, als ich aufgegeben habe. Ich war klitschnass, es hat in Strömen geregnet. Es blieb mir nur, zu warten. Nach etwa zwei Stunden waren die beiden wieder da, und mit ihnen Jason und sein Hund an Bord. Sie hatten kein Essen und nur das trübe Flusswasser zu trinken. Jason war sichtlich froh, dass wir seinen Hilferuf gehört haben.

OBEN | Jason und sein Gummiboot. Damit den Fluss zu befahren, ist mehr als sportlich, doch Jason schien es, obwohl er fast dabei umgekommen wäre, kein großes Ding. Immerhin ist es ihm gelungen, 250 Kilometer mit diesem Bötchen auf dem Yukon zurückzulegen.

LINKS | Patrick beim Durchqueren der Five Finger Rapids. Er beherrscht das Kanu von uns allen am besten. So war klar, dass er derjenige von uns dreien sein würde, der es mit der Strömung des Yukon am ehesten aufnehmen könnte

OBEN | Ein Blick in den Himmel kann vieles bedeuten – vielleicht dankt Jason hier gerade dem Übersinnlichen für seine Rettung?

RECHTS OBEN | Unser Gast bekommt die letzten Vorräte und auch sein Hund eine große Portion Trockenfutter. Damit sind unsere Reserven an Lebensmitteln fast aufgebraucht. Doch bis Dawson ist es nicht mehr weit.

RECHTS UNTEN | Steve heißt der treue Begleiter an Jasons Seite.

Jason schmatzt mit zusehends steigender Laune seine Schüssel leer. »Ich hab ja schon so einige Gewässer befahren, aber dieser Fluss hat es echt in sich«, stößt er kauend hervor. Obwohl man bei einem Mann, der mit einem Spielwaren-Gummiboot den Yukon befährt, nicht gerade von einem weitsichtigen Outdoor-Spezialisten reden kann, hat es dieser Jason immerhin geschafft, mit seinem Planschbecken-Kreuzer die 250 Kilometer zwischen Carmacks und Dawson zurückzulegen. Nun gut, bis kurz vor Dawson. Und nun, da er dieses Unglück überlebt hat, gewinnt er auch allmählich sein Selbstbewusstsein wieder. »Ich dachte wirklich, ich habe genügend Erfahrung. Aber der Yukon ist schwieriger zu befahren, als man glaubt«, resümiert er im fröhlichen Plauderton. »Der hat mir echt alles abverlangt.« Unwillkürlich schaue ich auf die beiden Gummischläuche, die unser Überleben sichern sollen, und verliere mich mit meinem Blick auf dem träge dahinziehenden Yukon. Auch wenn es jetzt nicht danach aussieht, bin ich mir in diesem Moment doch sicher, dass wir irgendwann in den kommenden Wochen und Monaten eine ganz ähnliche Einschätzung treffen werden.

Mit den beiden Passagieren an Bord geht es nun merklich eng zu auf unserem wackeligen Floß. Zwei Hunde und vier Menschen drängen sich in dem schmalen Gang neben der Kabine. Wichtig ist, dass das Gewicht ausgewogen verteilt bleibt. Wenn Ramona, Patrick und Sunny vorn auf der Plattform stehen, kann es schon mal passieren, dass unser Propeller hinten aus dem Wasser steigt und

Luft zieht. Ich frage mich, wie unser Gefährt wohl bei starkem Wellengang reagieren wird. Sicherlich kommt das schwimmende Holzgerüst dann schnell an seine Grenzen, aber noch ist es nicht so weit, und der Yukon meint es bisher ausgesprochen gut mit uns.

LOGBUCH MARIO 11

13.07.2014 | YUKON RIVER, KURZ VOR DAWSON CITY | 63°37'35"N 139°45'18"W

Es gibt Ereignisse im Leben, bei denen der Spaß plötzlich sein Lächeln absetzt und todernst wird. Dann geht es auf einmal nur noch ums nackte Überleben. Meist sind Leichtsinn oder schlechte Vorbereitung die Ursache. Jason hätte auf dieser Flussinsel sterben können. Sie lag weit von der Fahrrinne entfernt, und er hat zwei Tage lang bis auf eine Fähre kein einziges Boot gesehen. Zudem waren seine Vorräte aufgebraucht. Es liegt mir fern, über sein Missgeschick zu urteilen, denn auch ich war einst leichtsinnig auf dem Wasser unterwegs, anno 2005, ohne Segelerfahrung auf dem Indischen Ozean. Meine damalige Freundin Yvonne und ich turnten einmal beide nackt auf der letzten Stufe des Katamarans herum und versuchten, einen zappelnden Thunfisch aus dem Meer zu holen. Ohne Rettungsweste oder Sicherungsleine. Der Fisch hing an meiner Angel und schlug um sich, während wir uns alle Mühe gaben, die Beute in einen Eimer zu bekommen. Wir hatten nicht nur keine Ahnung vom Angeln, unser Boot war zu dieser Zeit auch noch in voller Fahrt, das heißt mit etwa zehn Kilometern pro Stunde auf hoher See unterwegs. 300 Seemeilen im Umkreis war kein Land. Wären wir damals auf dieser letzten Stufe des Bootes ausgerutscht und über Bord gegangen, dann hätten wir keine Chance gehabt. Der Katamaran war auf Autopilot geschaltet und wäre uns ungerührt davongefahren. Ein paar Tage später hätte man vielleicht nur noch irgendwo lesen können, dass ein unbemanntes Segelboot in den Malediven auf ein Riff gelaufen sei. Wir hatten damals Glück. Und auch Jason kam mit dem Schrecken davon. Es muss jedoch nicht immer so sein.

HOLLY RELOADED

»Ich würde auch mit einer Gitarre herumlaufen, wenn ich gar nicht darauf spielen könnte.«

DRIFTWOOD HOLLY

»Nur noch ein paar Kilometer bis Dawson City«, verkünde ich die Meldung unseres GPS-Geräts. Damit ist klar: Wir werden die alte Goldgräberstadt noch bis zum Abend erreichen. Jason und Steve sitzen erleichtert an Bord, und ich versuche wie immer, das Floß so gut wie möglich in der besten Fahrrinne zu halten, obwohl mir manchmal selbst nicht klar ist, wo diese genau verläuft. Während ich den Flusslauf vor uns gründlich nach Bäumen und Flachstellen absuche, mache ich in der Ferne ein kleines Boot aus. Es ist schwer im Auge zu behalten und verschwindet für kurze Zeit wieder aus meinem Blickfeld. Dann taucht es erneut auf und hält direkt auf uns zu. Kurz darauf geht unser Freund Holly mit seiner Old Laughing Lady längsseits. Es wird eine lebhafte Begrüßung. Holly hat ein paar Büchsen Yukon Gold dabei und die Rainboweagle mit seinem Boot vertäut, sodass wir jetzt als Päckchen den Fluss hinuntertreiben. Mein Verantwortungsbewusstsein lässt sofort nach. Jetzt ist Holly da, der weiß, was er macht. Ich habe wirklich das Gefühl, dass uns in seiner Gegenwart nichts mehr passieren kann. So ähnlich muss sich das wohl auch für meine Begleiter anfühlen, wenn ich Kapitän des Floßes bin. Ausgelassen stoßen wir auf das langersehnte Wiedersehen an, auf die Rettung des Schiffbrüchigen und unseren glücklich gemeisterten ersten Ritt durch die Wildnis.

LINKS | Die Freude ist groß, als wir Driftwood Holly in Dawson wiedertreffen. Hier ist er mit seinem Musikerkollegen Pavel Oswald auf der Wooden Pearl zu sehen, wo die Songs für das neue Album der Band entstehen – *Aura Borealis* soll es heißen.

UNTEN | Der Yukon wird von den indigenen Völkern auch als »Großer, weiter Fluss« bezeichnet. Die Ureinwohner haben diesen Fluss bereits seit Urzeiten als Transportweg genutzt.

LOGBUCH MARIO 12

14.07.2014 | YUKON RIVER, KURZ VOR DAWSON CITY | 63°31'48"N 139°42'47"W

Ich bin froh, dass wir die ersten 700 Kilometer bis Dawson geschafft haben. Diese Etappe gibt uns das Selbstvertrauen, das wir sicher noch brauchen werden. Wir haben es langsam angehen lassen, saßen lange am Lagerfeuer, sind spät aufgestanden und haben uns gemütlich von der Strömung treiben lassen. Und obwohl wir diese Reise alle drei unterschiedlich angehen, hat unsere Freundschaft gehalten.

Ramona und ich hatten nur einen Streit, allerdings dauerte der gleich zwei Tage. Als dann auch noch mein Ehering ins Wasser fiel, war ich wirklich fast am Ende. Ich habe mir den kleinen Köcher von Patrick geborgt, und nach fünf Versuchen hat mir der schlammige Yukon den Ring wieder ins Netz gelegt. Manchmal passieren die Dinge einfach so, und das sprichwörtliche Glück wäre fast auf dem Grunde des Yukon verlorengegangen. In diesem Fall aber kam der Ring zu mir zurück.

OBEN | Wir sind unversehrt in Dawson angekommen – aber es verlief alles andere als glatt, war uns doch unser Kanu kurz vor dem Ort abhandengekommen. Jetzt herrscht Freude, dass wir die erste Teilstrecke von über 700 Kilometern glücklich hinter uns gebracht haben.

RECHTS | Der Yukon von oben flussaufwärts – ein paar Stunden, nachdem wir diese Strecke befahren haben. Dawson liegt links hinter den Bäumen versteckt. Mit der Fähre, die Passagiere und Fahrzeuge kostenlos transportiert, kann man übersetzen.

Auch die Konstruktion des Floßes hat sich bewährt. Wenn es bis Dawson hält, dann wird es auch bis zur Beringsee laufen, denke ich. Auf jeden Fall ein gutes Gefühl, wieder in Dawson anzukommen. Ich ahne schon, dass es uns in der Goldgräberstadt gut gefallen wird, und es wird sicher schwer, wieder aufzubrechen. Aber ich habe den Ring wiedergefunden – vielleicht entpuppt er sich ja als Ring der Macht!

Holly verfällt auch gleich ins Erzählen und weckt unsere Fantasie mit seiner Schwärmerei für die alte Goldgräberzeit: »Kannst du dir vorstellen, so wie ihr kamen damals Hunderte Boote hier den Fluss herunter. Sie kamen nach Dawson, um mit Gold reich zu werden. Sie kamen hier an und hatten nichts außer der Hoffnung auf Gold. Jeder wusste, dass er die nächsten Monate hier nicht mehr wegkommen würde, denn im Winter ist der Fluss zugefroren. Ich glaube, damals ist die enge Verbindung zwischen den Menschen hier oben entstanden. Da waren auf einmal 30 000 Menschen; und es gab keinen Weg mehr raus. Die mussten einfach zusammenhalten, denn sie hatten nur noch sich. Da kommt kein Hubschrauber geflogen oder irgendein Anwalt. Die mussten einfach gut zueinander sein. Sonst klappt das nicht. Dieses Gefühl hat sich bis in die heutige Zeit bewahrt. Und darum, glaube ich, kommen die Leute nach Dawson. Weil dieser Spirit immer noch da ist.« Wir legen auf jener Insel einen Stopp ein, wo wir im Vorjahr das erste Mal mit Holly draußen gecampt und erfolglos nach einem Elch Ausschau gehal-

ten haben. Ramona sitzt allein am Ufer und hängt ihren Erinnerungen nach. Augenscheinlich hat sich hier nichts verändert, und trotzdem fühlt es sich anders an als beim letzten Mal. Der Yukon ist uns vertrauter geworden. Die Wildnis verliert ihre Fremdheit. Doch da der Ort nicht mehr absolut unbekannt ist, kommen Erinnerungen auf und mit ihnen die Emotionen. Als hier an diesem magischen Ort, wo uns letztes Jahr die Kraniche gute Nacht sagten, Tränen der Freude fließen, spüren wir, dass wir mittlerweile auch ein Teil dieser Natur geworden sind. Wir sammeln Holz und richten uns wie selbstverständlich eine Feuerstelle ein. Ein paar Stunden an einem Platz, der uns die erste eigene Erfahrung in der Wildnis brachte. Holly kennt diesen Flussabschnitt wie kein anderer. Nur ein paar Kilometer den Fluss hinunter steht am Hang, gut getarnt im dichten Wald, seine erste Hütte, in der er früher gemeinsam mit Kirsten gewohnt hat. Er hat sich Dawson langsam angenähert, so wie wir es jetzt auch tun.

Während Holly Patrick und unseren Schiffbrüchigen Jason, samt Hund und Gummiboot, auf der Old Laughing Lady schon mal mit nach Dawson nimmt, genießen Ramona und ich noch etwas Zeit in der vertrauten Umgebung. Am späten Nachmittag legen wir ab und nehmen uns vor, gemütlich vor Dawson einzulaufen. Dort werden wir für einige Tage den Anker werfen, die Stadt genießen und mit Holly auf dem Fluss abhängen. Kurz vor Dawson passiert uns ein Ranger in seinem gut motorisierten Boot. Neben seinem Hund, der mit den Vorderpfoten

OBEN | Ramona und Holly liegen auf dem Dach des Floßes. Fast 14 Tage verbringen wir in Dawson. Im Moment sind wir alle froh, in der Goldgräberstadt angekommen zu sein.

RECHTS | Die Worte »Achtung! Freiheit« und das Strichmännchen begleiten mich schon lange: Bereits 2004 vor meiner Weltbesegelung waren sie Teil meines Buches *Der Freiträumer*, und auch hier durften sie nicht fehlen.

auf dem Bootsrand steht und zu uns herüberschaut, blickt auch der Lauf eines Gewehres über die tiefe Reling. Er scheint Zeit zu haben und dreht bei. Wo wir herkommen und was unser Ziel sei, will er wissen. Wir führen ein kurzes, lockeres Gespräch, in dem er uns dann auch von seiner Mission berichtet. Dass er auf dem Weg nach Fort Selkirk sei, aber auch gut ausgerüstet, um im Busch zu übernachten. Essen, Wasser und ein Zelt habe er immer dabei. Schon muss ich wieder an Jason denken, der in dieser Hinsicht eher spartanisch unterwegs war. Wir verabschieden den Ranger mit gegenseitigen besten Wünschen, und ich werfe unseren Motor an, um den mittlerweile extrem breiten Fluss zu kreuzen, hinüber zur anderen Seite. Der alte Mercury gibt sich die allergrößte Mühe, aber unser Floß scheint stillzustehen, wir kommen einfach nicht voran. Sofort wird mir klar, dass uns irgendetwas blockiert. Hektik kommt auf, denn auf keinen Fall dürfen wir an Dawson vorbeitreiben. Wir springen nach vorn und sehen, dass unser Kanu unter den beiden Luftschläuchen klemmt. Es hat sich wohl bei unserem Plausch mit dem Ranger langsam vor die Rümpfe geschoben und ist gekentert, als ich angefahren bin. Es gelingt mir zwar, das Kanu wegzuziehen, aber umdrehen ist unmöglich. Zudem läuft uns die Zeit davon, wir können die ersten Häuser an der Wasserfront der Stadt bereits sehen. Über unser Walkie-Talkie melden wir uns bei Patrick, der bereits gemütlich auf der Wooden Pearl, dem selbstgebauten Hausboot von Holly und Kirsten, sitzt. Holly meint, wir sollten das Kanu einfach abschneiden und zur Pearl aufschließen. »Wir kriegen das schon hin, kommt nur erst einmal an.« Also kappe ich die Leine. Langsam läuft das Kanu achteraus. Mit Vollgas überqueren wir anschließend den Fluss und legen zehn Minuten später an der Wooden Pearl an, wo Holly und Kirsten im Sommer viel Zeit verbringen.

Pavel, ein Freund und Musikerkollege von Holly, hat unser Kanu derweil im Auge behalten, und wie es der Zufall will, kommt im selben Moment ein anderer Kumpel von Holly mit seinem Motorboot vorbei. Ein paar Worte später schon sitzen Holly und ich in Mikes Aluminiumboot und fahren unserem Kanu hinterher. »Das wird verdammt schwer, das Kanu wieder rauszuholen«, schreit Holly zu mir herüber, während wir mit Topspeed durch das Wasser schneiden. Kurz darauf liegt der grüne Rumpf im Wasser vor uns. Behutsam hebt Holly das Kanu auf die Spitze des Motorboots und zieht es langsam einmal quer über den Bug. Da liegt es nun wieder, unser Kanu, während wir flussaufwärts zurückpreschen. Holly ist die Gelassenheit selbst. »Vor einer Woche erst ist mein Hausboot abgegangen«, berichtet er im Ton einer amüsanten Anekdote. »Das musste ich dann auch mit Mike wieder einfangen.« Er lacht zu mir herüber und blinzelt fröhlich in die Kamera: »Mario Goldstein – und es wird nicht ruhiger.« Immer noch spüre ich das Adrenalin durch meine Adern pulsieren und lache befreit mit.

Unsere Ankunft in Dawson ist, wie Holly meint, ziemlich normal verlaufen. Die Leute kommen von Whitehorse, haben viele Tage auf dem Fluss zugebracht, draußen übernachtet, und gerade auf den letzten Metern passieren dann die meisten Missgeschicke. Jason und seinen Hund verlieren wir schnell aus den Augen. Das Letzte, was ich von den beiden sehe, ist Jason, wie er sein durchlöchertes Gummiboot in einen Mülleimer stopft. Dann lasse ich meinen Blick über Dawson City schweifen, das wir diesmal aus einer ganz anderen Perspektive erleben, denn wir ankern direkt vor der Stadt neben der Wooden Pearl.

Mittlerweile ist es spät am Abend, und die paar Scheite Holz in der kleinen Feuertonne werfen ein warmes Licht auf unsere kleine Flussgesellschaft. Die Mitternachtssonne taucht nur kurz hinter den Horizont, bis sie uns bereits wieder mit einem neuen Sonnenaufgang verzaubert. Holly und Pavel sitzen neben der Tür des kleinen Hausboots. Holly zupft an seinen Gitarrensaiten, und Pavel färbt mit seiner Geige die Musik auf eine Weise, die den Moment fast schon kitschig roman-

RECHTS OBEN | Ein Feuer haben wir am Yukon fast jeden Tag gemacht. Es gibt nichts Schöneres, als in die Flammen zu schauen und vor sich hin zu träumen.

RECHTS UNTEN | Weit ist es bis zum anderen Ufer des Flusses. Stundenlang schauen wir auf die dahinströmenden Wassermassen, in denen sich am Abend die schönsten Farben spiegeln.

UNTEN | Holly und seine Gitarre. Wieder sitzen wir bei ihm zu Hause. Musik spielt hier eine zentrale und inspirierende Rolle. Letztendlich begleiten uns seine Lieder auf der ganzen Reise und darüber hinaus.

tisch werden lässt. Es ist eine warme Nacht, und während die beiden Freunde ihre Lieder spielen, sitzen wir drei verträumt gegenüber auf dem Floß und hängen unseren Gedanken nach. Ich spüre, dass wir es schaffen können, auch wenn es noch weit bis zur Beringsee ist.

Holly gibt sich tiefenentspannt. Das Leben auf dem Fluss ist es, was ihn immer wieder inspiriert. Ganz wie dieser Mann aus dem Erzgebirge sein neues Heimatland nicht im Sturm erobert hat und seiner Verbundenheit zu Dawson genug Raum ließ, in Ruhe und mit Bedacht zu wachsen, so verhält es sich auch mit seinem Dasein als Musiker. In Deutschland war sein Verhältnis dazu immer etwas ambivalent. Einerseits fühlte er sich von Künstlern und ihrem unbeschwerten Leben wie magisch angezogen – die Welt der Clowns, Akrobaten und Sänger war um so vieles bunter, überraschender und selbstbestimmter als die Welt des jungen Holger Haustein, der jeden Morgen um sechs Uhr mit Hangover vom Vortag durchs dunkle, neblige, kalte Erzgebirge pendeln musste, um in Annaberg Omnibusse zu reparieren. Andererseits mahnten ihn seine Erziehung und das Meinungsbild der unmittelbaren sozialen Umgebung, dass der Mensch es nur mit einem anständigen Beruf zu etwas bringen könne und dass Künstler eben einfach nur Leute seien, bei denen es zu nicht mehr gereicht hätte. »Aber die Musik war stärker«, gibt Holly zu. »Das ist mir das erste Mal richtig bewusst geworden, als ich einen Walkman aufhatte und mich die Musik mit voller Wucht erwischte.« Irgendwann bekam er eine alte Marlin geschenkt, der er als Erstes – wie wahrscheinlich jeder Neu-Gitarrero – einen anmutigen e-Moll-Akkord entlockte. »Mein erstes Lied hab ich dann auf einer Türschwelle gespielt, irgendwo in Mexiko.« Auch das war ein Klassiker: *Knockin' On Heaven's Door.*

Das Feuer knistert, die kalte Nacht zieht herauf. Holly-Time: Nachts, von zwei Stunden vor Mitternacht bis zwei Stunden danach, lebt der Barde auf. Dann wird Holly kreativ. Träumt vom Leben, textet und schreibt neue Lieder, zupft die Saiten seiner Gitarre nach fernen Melodien. »Die Musik hat mein Leben verändert. Sobald du eine Gitarre in der Hand hast, ist jegliche Kommunikation gleich viel leichter. Ich würde auch mit einer Gitarre herumlaufen, wenn ich gar nicht darauf spielen könnte. Besser ist das in jedem Fall«, insistiert er, und schalkhafte Falten spielen um seine Augenwinkel und Lippen. »Musiker werden nämlich sehr oft

60

Wooden

eingeladen, freundlich begrüßt, sie werden immer etwas gefragt, und wenn sie ein schönes Lied gespielt haben, dann werden sie auch noch gelobt.« Sein helles Lachen verliert sich in der Nacht über dem Fluss, der gut als Wiege seiner Kreativität gelten mag. Denn die meisten Songs entstehen auf der Wooden Pearl. Dort, wo er sich in der warmen Jahreszeit am liebsten aufhält, ist Holly auch genau das, was er seinem Künstlernamen nach zu sein vorgibt: Treibholz, Driftwood. Urtümlich, fest und leicht zugleich, mit vielen Wassern gewaschen, jeglichen Unbilden der Natur trotzend, einzigartig in seinem ganzen Wesen, ruhig – und doch immer in Bewegung. Sein neues Album wird bald fertig sein. Es ist bereits die zweite Scheibe. *Aura Borealis* soll sie heißen, der Aurora borealis beziehungsweise dem Nordlicht zu Ehren.

Pavel Osvald ist extra aus Tschechien nach Kanada geflogen, um mit Holly zu proben. In wenigen Wochen wird auch noch Jäcki Reznicek, der Bassist, aus Berlin anreisen. Dann ist die Band komplett. Holly bezeichnet sich selbst gern als Momentesammler. »Das ist es, was es im Leben zu tun gibt: möglichst viele schöne, tiefgreifende und inspirierende Momente zu sammeln.« Einen dieser Momente möchte er nun unmittelbar auf dem Fluss organisieren. Sein eigenes kleines Flusskonzert mitten auf dem Yukon – und wir hatten im vergangenen Jahr versprochen, dabei zu sein, und sind froh, dass wir dieses Versprechen halten können. Bereits am nächsten Tag beginnen die Vorbereitungen. Wir ankern direkt gegenüber der kleinen Bühne, zu der die Pearl umfunktioniert wird. Pavel bindet mit Holly lange Holzstangen an die Seiten des Hausbootes. Dort sollen später die Boote des Publikums festmachen. Ein kleiner Generator, den Holly extra geholt hat, sorgt für Strom. Die Lautsprecher werden wie Ohren auf dem Dach befestigt. Nur das Verlegen der Stromkabel wird zu einer kleinen Herausforderung. Aber am frühen Abend steht alles. Es ist vielleicht die außergewöhnliche Kulisse, die laue Sommernacht, das Gemüt der Menschen hier im Norden oder ein Zusammenspiel von allem, was diesen Abend einzigartig macht. Das erste Boot legt jedenfalls bald schon an, und eine Stunde später hat sich ein gutes Dutzend schwimmender Untersätze vor der Wooden Pearl eingefunden. Holly ist ganz in seinem Element – und als der erste Song über den Fluss hallt, spürt jeder die Magie des Nordens.

LINKS OBEN | Ein Flusskonzert – ein Traum von Holly, der in diesem Sommer wahr werden soll. Da die Boote am Abend direkt an der kleinen Wooden Pearl anlegen sollen, hat Holly eine lange Stange angebracht. Die Soundanlage wird mit einem kleinen Generator betrieben, der an der Rückseite des Hausbootes vor sich hin tuckert.

LINKS UNTEN | So sieht ein Konzert mitten auf dem Yukon aus – einfach magisch und nicht ohne Publikum.

UNTEN | Außergewöhnliche Menschen gibt es in Dawson viele. Aber sie halten zusammen und wissen, wie man eine Party feiert.

Out on your own into the wild
On your way home with a crooked smile
I will not die until the day
Our little love has come to stay

I look right through you when you disappear
Coming in to get out of here
I will not lie until the end
When all the truth will settle in
If you just hold me to let go

I'll tell you everything that I don't know
So let's get up we're coming down
Our masterpiece our little town

So I get up I'm falling free
My masterpiece can stay with thee
I look right through you when you disappear
Coming in to get out of here
I will not lie until the end
When all the truth will settle in

LAFEYA | DRIFTWOOD HOLLY

OBEN Sechs Freunde auf der Wooden Pearl. An einem Abend haben wir zusammen das Video zu Hollys neuem Lied *Lafeya* gedreht – mit Kostümen, die wir uns extra ausgeliehen haben.

LINKS Während unseres Aufenthaltes tummeln sich die unterschiedlichsten Charaktere in der ehemaligen Goldgräberstadt. Das Dawson City Music Festival lockt zahlreiche Fans in die Stadt.

Immer mehr Menschen kommen auf und an den Fluss, um dem Spektakel beizuwohnen. Auf einem der Boote beginnt man, Cocktails zu servieren. Die Stimmung ist ausgelassen. Wer kein Boot hat, genießt das Konzert vom nahegelegenen Ufer aus. Und hier, wo sich der Klondike mit dem Yukon verbindet, wird Driftwood Hollys Musik auch zu einem festen Bestandteil unserer *Yukon Time*. Holly, der Momentesammler – einen davon durften wir miterleben.

WIE EIN NICHTS IN DEN FLATS

»Mögen die Grenzen, an die du stößt, einen Weg für deine Träume offenlassen.«

ALTIRISCHER SEGENSWUNSCH

Wie erwartet verbringen wir gute Tage in Dawson City. Doch die Beringsee ruft täglich lauter, der Weg ist noch lang. Etwas über 2000 Kilometer liegen noch vor uns, und es wird Zeit, das Träumerleben in Dawson hinter uns zu lassen. Volle zwei Wochen haben wir dort geankert. Das Elchgeweih vom Vorjahr gibt Holly uns mit. Wir befestigen es auf dem Dach unserer Kajüte als Erinnerung an die Jagd und daran, wie wir mit Holly das zerlegte Tier mühsam durch die Tundra geschleppt haben.

Der Abschied von Holly und Kirsten fällt vor allem Ramona schwer. Es ist das Schicksal von Reisenden, immer wieder Lebewohl sagen zu müssen. Zwar nur auf kurze, wenn auch unbestimmte Zeit. Wir alle wissen, dass wir uns wiedersehen werden. »Ich würde euch gerne begleiten, bis zur Beringsee hab ich es noch nie geschafft …«, so macht Holly kurz seiner eigenen Sehnsucht Luft. Dann drückt er uns einen Talisman in die Hand, einen von ihm selbst geschnitzten Engel. Wir binden ihn vorn an eine Querlatte des Floßes, wo er bei bester Sicht im Wind baumeln und über uns wachen kann. Einen Schutzengel werden wir gut brauchen können, denn hinter Dawson wird es einsamer auf dem Fluss und an seinen Ufern. Viele Kanuten geben sich zwar jedes Jahr die stattliche Strecke von Whitehorse bis in die legendäre Goldgräberstadt, einen Trip, für den man zwei gemütliche Wochen einplanen sollte. Doch weiter den Fluss hinunter zieht es nur die wenigsten. Es gibt für diesen Teil Kanadas und Alaskas kaum zuverlässiges Kartenmaterial, die berüchtigten Yukon Flats liegen voraus, und das Wetter wird im August nicht mehr besser. Bereits jetzt ziehen dunkle Wolken über den Fluss und laden ein paar Stunden später die erwarteten starken Regenschauer und böigen Winde über uns ab.

Nach gut drei Tagen erreichen wir das kleine Dörfchen Eagle. Hier befinden wir uns bereits auf dem Hoheitsgebiet der Vereinigten Staaten von Amerika. Das Land der Kontrolle, vor allem wenn es um Besucher aus dem Ausland geht. Aber hier in Eagle ticken die Uhren noch ein wenig anders. Der Fremdenverkehr hält sich in äußerst überschaubaren Grenzen. So treffen wir auch weder auf eine Grenzstation noch auf irgendwelche Bedienstete des Staates. Vielmehr setzen die USA in diesem kleinen Vorposten auf die freiwillige Selbstanzeige und haben dafür mitten im Ort ein knallgelbes Telefon installiert, was dem Reisenden die Möglichkeit

LINKS | Der Blick vom Dach des Floßes ist beeindruckend – die Stille der Wildnis, die uns erneut umgibt, scheint die visuellen Eindrücke noch zu verstärken.

UNTEN | Holly, der am liebsten selbst mitgekommen wäre, hat uns zum Abschied einen Schutzengel mitgegeben, der bis zur Beringsee über uns wacht.

bietet, der zivilisierten Welt hier in Eagle seine Ankunft in den Vereinigten Staaten mitzuteilen. Zu mehr ist der signalfarbene Kasten auch nicht zu gebrauchen, über den man immerhin einen kleinen Regenschutz montiert hat. Es gibt keine Wählscheibe, nur einen klobigen Telefonhörer aus schwarzem Kunststoff samt einem halben Meter erdbebensicheren Metallkabels. Dieses Wunderwerk der Technik erinnert mich in seiner konzentrierten Funktionalität und designpreisverdächtigen Aufmachung stark an die Festnetztelefone aus DDR-Zeiten. Auch da konnte man seinen Kopf in derart große Hörmuscheln betten. Siegessicher hebe ich ab. Nach etwa einer Minute dienstbeflissenen Schellens erklingt auch endlich am anderen Ende eine Männerstimme. Wie wir heißen, werde ich emotionslos gefragt, wie groß und wie schwer wir sind, sei noch wichtig zu wissen, und die Farbe unserer Augen und Haare. Natürlich wollen sie auch die Passnummern. Wir sollen uns nach der Ankunft in Anchorage bei der Grenzbehörde melden. Vielen Dank, das war's und auf Wiederhören. Während der 20 Minuten, die ich am Hörer hänge und Formalitäten über mich ergehen lasse, fühle ich mich geneigt, eine kleine Innovation anzuregen, ein technisch-funktionales Upgrade: Man könnte das Metallkabel durchaus einen halben Meter länger machen. Aber ich sage nichts, es bleibt beim Gedanken.

Außerdem plagt mich eine andere, viel dringlichere Sorge. Bei dem Versuch, in Eagle am steinigen Ufer anzulegen, berührte unser treuer Mercury Fifteen Horsepower den felsigen Grund, und der Propeller zog sogleich ein paar dicke Steine durch den Metallschutz, den ich extra kurz vor unserer Abfahrt aus Whitehorse anfertigen ließ, um den Motor vor Kontakten dieser Art zu bewahren. Resultat: verbogene Antriebswelle. Der Motor funktioniert zwar noch, aber die Welle hat etwas abbekommen und läuft nun nicht mehr ganz rund. Ich weiß nicht, wie lange die Dichtungen und Lager das aushalten werden. Ein Mechaniker im Ort versichert uns jedoch, dass unsere krumme Antriebswelle kein großes Problem darstellen würde, und so fahren wir damit weiter bis nach Circle, dem Eingang zu den Yukon Flats.

Die Stimmung an Bord scheint gut, aber man spürt, dass der Abschied von Dawson bei uns allen Spuren hinterlassen hat. Wir sind nachdenklicher geworden. Ist es das Gefühl von Einsamkeit, was sich jetzt einschleicht? Zwar sind wir zu dritt, aber sollten wir in

LINKS OBEN | Es ist immer eine Herausforderung, einen guten Platz für die Nacht zu finden. Hier ist der schlammige Strand sehr breit und der Landgang entsprechend schwierig.

LINKS UNTEN | Alle drei auf einem Foto mitten in der Wildnis, und die berüchtigten Yukon Flats zum Greifen nahe – es kann nur schwieriger werden.

UNTEN | Grizzlyspuren am Ankerplatz. Dass die großen Braunbären da sind, ist uns klar, aber am Lagerfeuer kommt dann doch keiner vorbei – zum Glück.

OBEN | Patrick bei einem der schwierigeren Anlegemanöver. Ohne ihn hätten wir die Beringsee womöglich nie erreicht. Einen besseren dritten Mann hätten wir nicht finden können.

RECHTS | Sunnys Idylle im Cockpit: völlig entspannt – sie weiß ja auch nicht, dass wir gleich in die Yukon Flats eintauchen.

den Flats Probleme bekommen oder sollte gar das Floß kentern, dann kommen wir aus diesem weitverzweigten Gebiet nicht mehr so einfach heraus. Das drittgrößte Naturschutzgebiet der USA misst knapp 35 000 Quadratkilometer, ein riesiges Feuchtgebiet auf Permafrostboden, das von etwa 40 000 Seen, Tümpeln und unübersichtlichen Flussläufen zerpflückt wird. Der Yukon mäandert durch dieses Areal, wie es ihm gefällt. Quasi ständig verändert sich die Landschaft, was es äußerst schwierig macht, den richtigen Weg zu finden. Genau dieser Abschnitt liegt nun vor uns, eine Strecke von gut 400 Kilometern. Patrick und ich navigieren jetzt meist zu zweit: Einer steuert, der andere beobachtet das Wasser vom Floßdach aus. Nur so erkennen wir die spärlichen Lücken der flachen Fahrrinne, durch die wir gerade noch hindurchschlüpfen können. Oft bleiben uns nur wenige Zentimeter Wasser unter den Schläuchen.

Die Tiere indes, obwohl es in den Flats nur so von ihnen wimmeln soll, bekommen wir tagsüber auf und am Yukon verhältnismäßig selten zu Gesicht. Entsprechend überschwänglich bricht sich unsere Freude Bahn, als wenige Hundert Meter vor uns ein Schwarzbär ins Wasser steigt, um den Fluss zu kreuzen. Wir holen die Kamera heraus, und ich schalte den Motor ab. Jetzt bloß nicht das Tier verschrecken! Doch fast im selben Augenblick sind wir es, denen der Schreck in die Glieder fährt, denn plötzlich stehen wir. Das Floß bewegt sich keinen Millimeter mehr. Ein rascher Blick auf den Tiefenmesser bestätigt die Befürchtungen: Wir

sitzen auf. Das Wasser fließt hier nur noch knietief dahin, und das Floß hat gerade diese 40 Zentimeter Tiefgang. Vor uns sticht eine kleine Insel aus der Wasseroberfläche, in deren Richtung es sichtlich flacher wird. Die Strömung drückt uns mit voller Kraft auf das Ufer, und uns ist klar, dass jetzt jede Minute zählt. Wenn wir hier zu lange abwarten, dann wird es schwierig, das Floß überhaupt wieder freizubekommen. Meine größte Sorge gilt dabei den Schläuchen, die mit einem Gewichtsdruck von anderthalb Tonnen auf den Luftkammern auf steinigem Boden liegen. Patrick springt ins Wasser und erkundet die Umgebung nach tieferen Stellen. Ramona und ich hüpfen indes auf dem Floß herum, um es in Bewegung zu versetzen, ziehen an den Leinen, lassen den Mercury Fifteen Horsepower arbeiten – letztlich gelingt es uns so, das Floß seitlich von der Kiesbank herunterzuziehen. Erleichtert atmen wir auf, wir sind wieder frei! Das war wirklich knapp. Der Bär ist zwar mittlerweile am anderen Ufer im Wald verschwunden, aber das kümmert uns nun herzlich wenig. Viel wichtiger ist, dass das Material auch diese Zerreißprobe überstanden hat. Das war nur bereits unsere zweite ernstzunehmende Grundberührung, und keiner weiß, wie viel die Schläuche aushalten. Die Flats fordern immer absolute Aufmerksamkeit. Sie werden für uns zu einer echten Bewährungsprobe.

Nach vier nervenaufreibenden Tagen erreichen wir Fort Yukon, ein größeres Dorf mit knapp 600 Einwohnern, von denen die große Mehrzahl zu den amerika-

OBEN | In Eagle beschleichen mich erste Zweifel nach Gesprächen mit Einheimischen: Vielleicht sind wir tatsächlich zu spät dran, um die Beringsee vor dem schnellen Wintereinbruch zu erreichen?

RECHTS | Bruce, der Fallensteller, zeigt uns seine Trophäen: Grizzlykrallen, Felle von Wolf, Fuchs und Vielfraß – alles Mögliche lagert in seiner Hütte.

nischen Ureinwohnern zählt. Dieser Ort bezeichnet gleichzeitig den nördlichsten Punkt unserer Reise, wir befinden uns jetzt oberhalb des Polarkreises. Interessanterweise hat man hier die höchste Temperatur gemessen, die jemals in Alaska erreicht wurde: 38 Grad Celsius. Bei einem kleinen Rundgang durch den Ort, der sich nicht sonderlich von anderen Dörfern entlang des Yukon unterscheidet, stolpern wir fast über Bruce. Der Mann repariert gerade seinen Hundeschlitten für den Winter und wundert sich über unsere Gegenwart: »Ihr kommt jetzt erst hier an? Wir haben schon August, Leute, und der Winter kann hier oben verdammt schnell vor der Tür stehen.« Ich werde etwas nervös und frage mich, ob wir vielleicht wirklich schon zu spät dran sind. Doch mein Bauchgefühl ist optimistisch. Wir schaffen das.

Wir kommen mit Bruce ins Gespräch, der gar nicht wie ein Native American aussieht. Tatsächlich stammt er aus Montana und ist vor vielen Jahren hier oben hängengeblieben. Er wurde Fallensteller und Selbstversorger, doch wie viele Menschen hier, insbesondere viele Männer, ist auch Bruce dem Alkohol verfallen. Neben ihm sitzen zwei seiner Freunde, die indianischer Abstammung zu sein scheinen, und das Trio leert eine Büchse Bier nach der anderen. Derweil zeigt mir Bruce seine Ausbeute der letzten Monate: Füchse, Wölfe, Bären und sogar ein paar Vielfraße. »Das Fallenstellen ist längst nicht mehr so lukrativ wie früher, aber es geht immer noch so manches Fell nach Italien oder Frankreich. Wenn sie dort auch keine Felle mehr kaufen, dann schmeiß ich das Business hin und verwende die Felle nur noch zum Eigenbedarf.« Aus einem Tuch wickelt er fünf Bärenkrallen aus: »Die sind von dem letzten Grizzly, den ich geschossen hab.«

Hier oben in der Einöde gibt es viel Langeweile. Man ist froh über jede Art von Unterbrechung der Routine, und deshalb erbietet sich Bruce auch sogleich, uns mit seinen Freunden ein paar Kilometer die Flats hinunter zu lotsen. Er kenne sich aus, die Strecke sei er schon oft gefahren, unterstreicht er. »Dort draußen liegt meine Jagdhütte, wo ich vor allem im Winter bin.« Wir nehmen das Angebot natürlich gern an und haben schon bald zu tun, das Schnellboot nicht aus den Augen zu verlieren. Bruce und seine Freunde nutzen den kleinen Ausflug auch für sich, indem sie zum Vergnügen mit höchster Geschwindigkeit durch die Flats feuern. Die besagte Hütte taucht schließlich an einer ausgewaschenen Böschung auf. Bruce und seine Freunde sind schon da, und auch wir legen an. Das Sediment der Insel bröckelt langsam ab, und die Strömung nimmt beständig Zentimeter für Zentimeter der Landmassen mit. In dem selbstgebauten Holzhaus sehe es noch wüst aus, denn erst vor Kurzem habe sich ein Bär dort eingeschlichen und auf der Suche nach etwas Fressbarem die Einrichtung auseinandergenommen, erläutert Bruce beiläufig. Damit das nicht noch mal passiert, hat er die Tür mit einer dicken Aluplatte versiegelt. Indes ist der Alkoholpegel unserer drei Guides auf neuen Höhen angelangt. Einer sitzt teilnahmslos auf einem Stuhl am Fluss und starrt auf den Boden. Bruce hingegen läuft zu Höchstform auf und beginnt, mit seinem Gewehr in der Gegend herumzuballern. Gegen Waffen hege ich instinktiv eine große Abneigung, erst recht, wenn sie so ignorant verwendet werden, aber hier besteht sicher keine Möglichkeit, einzugreifen oder gar etwas zu ändern. So dränge ich zum Aufbruch und bin kurz darauf nicht allein mit meiner Freude, wieder unter uns auf dem Fluss unterwegs zu sein.

Langsam arbeiten wir uns weiter durch dieses Labyrinth aus Wasserwegen. Der Motor geht oft unwillkürlich aus, und die einzige Möglichkeit, ihn noch irgendwie am Laufen zu halten, besteht darin, alle zwei Tage die Zündkerzen zu wechseln. Hoffentlich hält der alte Mercury durch, denke ich. Wenn er ausfiele, ließe sich das Floß nur noch schwer manövrieren und es wäre mehr als ungewiss, ob wir die Beringsee erreichen könnten.

Immer wieder müssen wir uns für einen Weg entscheiden, auf das wenige Kartenmaterial kann man sich nicht verlassen, denn der Fluss ändert dauernd seinen Lauf. Am letzten Tag unserer Durchquerung der Yukon Flats kommen wir beispielsweise an einer Stelle vorbei, die als Hauptfahrwasser ausgewiesen ist. Als ich jedoch in den Kanal hineinblicke, sehe ich nur Sandbänke. In diesem Jahr, zu diesem Zeitpunkt ist es unmöglich, den Kanal zu passieren. Stattdessen hat sich der Fluss eine andere Strecke gesucht, der auch wir folgen, und – es funktioniert. Alte Yukon-Bewohner haben mir diesen Rat schon oft gegeben: »Du musst lernen, den Fluss zu lesen.« Also blicke ich die meiste Zeit aufs Wasser und versuche Botschaften zu entziffern, die nicht an mich gerichtet sind. Dem Yukon ist es egal, was in den Flats passiert. Er fließt einfach weiter.

Nach acht langen Tagen haben wir die Yukon Flats endlich fast hinter uns gebracht. Es sind nur noch wenige Kilometer, bis wir die Brücke erreichen, wo der Dalton Highway, also die Nord-Süd-Verbindung zwischen Fairbanks und Deadhorse am Arktischen Ozean, den Yukon überquert. Dort haben wir die Hälfte der Strecke zur Beringsee und damit 1500 Flusskilometer geschafft und zudem die Yukon Flats bezwungen. Hinter einer kleinen Landzunge gehen wir gut geschützt vor Anker. Es waren schwere, körperlich und seelisch anstrengende Tage. Dieses enorme Sumpfgebiet war in puncto Navigation eine absolute Herausforderung. Wir mussten permanent darauf gefasst sein, dass wir auflaufen, dass die Schläuche von einem unter Wasser lauernden Ast aufgespießt werden oder unser ohnehin angeschlagener Motor seinen Geist endgültig aufgibt. Jede Entscheidung hat hier unabsehbare Folgen. Ich will mir nicht im Detail ausmalen, was allein das Abbiegen in einen falschen Kanal hätte bedeuten können.

Aber obwohl alles so aussieht, als würden wir morgen diese schwierige Etappe hinter uns bringen, ist die Stimmung an Bord auf einen Tiefpunkt gesunken. Ramona und Patrick wirken reichlich angeschlagen, und auch ich spüre, dass nicht mehr viel Kraft übrig ist. Erschöpft und wortlos sitzen wir vorn auf unserem Floß, das bisher allen Belastungen standgehalten hat. Die Anspannung und der extreme Stress der zurückliegenden Tage stehen jedem von uns deutlich ins Gesicht geschrieben. Wir befinden uns mitten in der Wildnis und haben keinerlei Ahnung, ob das schwerste Stück der Reise gerade hinter oder sogar noch vor uns liegt. Ich entschließe mich für die optimistische Sichtweise. »Morgen haben wir es geschafft«, versuche ich Ramona aufzubauen, die mir mit finsterer Miene gegenübersitzt. »Noch 15 Kilometer, dann sind wir durch die Flats durch.« Ich rede mich in Fahrt und erkläre, dass es nur diesen Weg gegeben habe, dass es der Plan gewesen sei, der Fließrichtung des Yukon zu folgen, und dass wir uns ja im Fluss der Zeit treiben lassen wollten – auch wenn das leider in den letzten Tagen nicht so gut funktioniert hat. Dann betone ich nochmals: »Morgen haben wir Halbzeit, die Hälfte der Strecke liegt hinter uns!« Aber mehr als die Hälfte der geplanten Zeit ist darüber vergangen, denke ich bei mir.

Unsere Blicke schweifen fast gleichzeitig in die Ferne. Ein herrlicher Abend senkt sich über die Flats, der Wind ist vollständig zum Erliegen gekommen, und die Sonne schickt immer noch ihre wärmenden Strahlen über diese unendliche

OBEN | »The simple life« steht auf unserem Floß. Das einfache Leben. Ist es das, was wir wollen?

LINKS | Die unterschiedlichsten Stimmungsbilder prägen diese Tage. An der Dalton Bridge, als wir die anstrengenden Flats gerade hinter uns gelassen haben, ist die Stimmung an Bord am Tiefpunkt angelangt. Der nahende Winter zwingt zur Eile, wir müssen umdisponieren. Aber wir sind uns nicht gleich einig, wie der neue Plan aussehen soll.

Wildnis. Während Ramona die Augen schließt und die tiefstehende Sonne genießt, beginne ich, laut darüber nachzudenken, was es mit dem Fluss der Zeit auf sich hat. Ich glaube, wenn man sich etwas vornimmt, dann spielt der Faktor Zeit immer eine Rolle. Die letzten Tage brachten bisher die größten Strapazen auf dieser Reise mit sich. Es hat also seine Zeit gebraucht, sie zu meistern. Hinzu kommt, dass der Yukon in den Flats nicht gerade flink unterwegs ist. Sind wir letztlich nicht auch hier, um genau dies zu erfahren? Die Wildnis ist wunderschön, aber auch unbarmherzig. Es gibt kein Entweder-oder, nur ein Sowohl-als-auch. Ich atme tief ein und lasse meinen Blick über den Yukon gleiten, der mir allmählich wie ein eigenes Wesen vorkommt. Erneut wird mir bewusst, wie ruhig es hier draußen ist. Hier gibt es keine Uhrzeit, die Natur hat ihren eigenen Rhythmus – Naturzeit eben. Unser Tun wird nur durch den langen Tag und die kurze Nacht sowie den Wechsel des Wetters bestimmt. Die Zeit auf dem Fluss hat auch uns Menschen deutlich verändert. Ich bin in etlichen Belangen viel ruhiger geworden. Hier macht es keinen Sinn zu hetzen, die Natur gibt den Rhythmus vor, der Yukon den Ton an. Unsere Gedanken sind hier, bei dieser Reise, in diesem Moment. Dieses Sein im Hier und Jetzt macht das Leben entspannt. In Deutschland bin ich immer irgendwie ... vorn. Rastlos, getrieben.

Ich bin mir der Tatsache sehr bewusst, dass dieses riesige Gebiet nahezu unbewohnt ist. Ohne unser Floß kämen wir hier nie mehr heraus. Es könnte beängstigend sein, mich aber beeindruckt es eher, mit welch stolzem Selbstbewusstsein der Yukon seine Bahn zieht. Dieser gigantische Strom hält einfach nie an. So verändert sich der Fluss jedes Jahr und bahnt sich trotzdem immer wieder seinen eigenen Weg durch die Wildnis. Führt er uns damit aber nicht umso deutlicher vor Augen, wie klein wir in Wirklichkeit im Verhältnis zu dieser Wildnis sind? Ich schaue Ramona an: »Wir sind hier nichts. Nichts. Das könnte der Grund sein, warum wir hier sind. Wir wollen genau das erfahren. Wir wollen erfahren, dass wir im Grunde genommen nichts sind. Das ist eigentlich nicht schlecht. Wenn man nämlich nichts ist, dann braucht man sich auch nicht mehr so ernst zu nehmen, und wenn wir uns nicht mehr so ernst nehmen, dann macht das Leben viel mehr Spaß.« Endlich stiehlt sich ein Lächeln über Ramonas Lippen. Mir schießt schon der nächste Gedanke durch den Kopf, und ich setze gleich nach: »Und das ist vielleicht

LINKS OBEN | Mein Gesicht spricht Bände. Ich überlege ernsthaft, abzubrechen. Die anderen nehmen meine Idee, ab sofort nach Plan zu fahren, nicht ernst.

LINKS MITTE | Unser Yukon-Zeitplan markiert die Tage, die wir bereits auf dem Fluss unterwegs sind. Etwa die Hälfte der Strecke haben wir geschafft

LINKS UNTEN | Erschöpfung macht sich bemerkbar.

UNTEN | Patrick schläft, wenn es geht, im Freien – wie hier auf dieser kleinen Landzunge.

OBEN | In Gedanken versunken blinzle ich der Sonne entgegen. Werden wir es bis zur Beringsee schaffen?

RECHTS | Abendstimmung über dem Fluss – ein wunderbares Licht- und Farbspiel auf dem fast spiegelglatten Yukon.

der Fluss der Zeit. Dass die Dinge einfach immer wieder kommen und gehen, kommen und gehen, kommen und gehen … Das ist die große Lehre aus der ganzen Sache, diese permanente Veränderung, die doch mit Beständigkeit zusammengeht. Der Fluss gibt uns diese Erkenntnis mit auf den Weg. Es kann sich immer alles verändern, dennoch fließt er immer weiter. Es fließt, es fließt, und es fließt – der Fluss, aber ebenso das Leben. So einfach ist das.« Wir lächeln uns an, während uns absolute Ruhe umfängt. Einfach gar nichts zu hören, ist außergewöhnlich. Manchmal tut die Stille fast weh. Aber so war die Welt früher einmal. Weit und still. Heute ist sie eng und laut – fast überall.

LOGBUCH MARIO 13

09.08.2014 | DALTON BRIDGE | 65°52'44"N 149°43'14"W

Irgendwie hatte sich diese Krise angedeutet. Vielleicht liegt es auch an mir. Ich kann nicht einfach drauflosfahren. Bei so einer Tour braucht man einen Plan. Zumindest wenn man das Ziel erreichen will. Es würde durchaus noch Alternativen geben. Wir könnten gleich hier aufhören, immerhin die letzte Möglichkeit, über Land noch rauszukommen. Oder wir steigen in Ruby aus und chartern einen Buschflieger zur Beringsee. Oder ich ziehe das Ding einfach alleine durch. Doch ist das der Sinn dieses Abenteuers? Wenn es rechnerisch möglich ist, das Ziel zu erreichen, dann sollten wir es auch versuchen. Ich werde alles geben, um Ramona und Patrick zu überzeugen.

Aber diese emotionale Achterbahnfahrt macht mich krank, ich bin mir selbst nicht sicher, was richtig ist. Und die Uneinigkeit hat sich wie ein tödlicher Stachel in unser Vorhaben gebohrt. Wir müssen zusammenhalten! Nur so können wir unser Ziel erreichen.

11.08.2014 | NACHTRAG

Mir fällt ein Stein vom Herzen! Die gesamte Reisegruppe zieht mit, es geht weiter! Kollege Mercury wird Dienst mit Dauerhusten schieben müssen, wir vergrößern unsere Tagesetappen und fahren nahezu dauerhaft mit Motor. Ab jetzt also Fluss der Zeit mit kleinem Turbo.

IM GEISTERLAND DER FISCHER

»Kein Frosch trinkt den Teich aus, in dem er lebt.«

INDIANISCHE WEISHEIT

Der Yukon zeigt sich nach der Dalton Bridge anders als vorher. Vielleicht liegt es daran, dass wir nun die Flats endlich hinter uns haben, oder ich nehme die Landschaft einfach anders wahr – jetzt, wo wir abwechselnd am Steuer stehen und ich auch wieder mehr Gelegenheit habe, mich auf die Natur einzulassen. Ramona hat sich extra ein kleines Podest vorbereitet, dass sie, wenn sie am Steuer steht, vorher auf die Toilettenhalterung aufschraubt. Nur so kann sie über die Kabine auch nach vorn schauen. Und da es ihr immer wieder mal Probleme bereitet, back- und steuerbord auseinanderzuhalten, haben wir mit einem Stift eigens für sie eine kleine Navigationshilfe auf die Rückwand der Kabine gemalt. So können wir auf Nummer sicher gehen, dass sie die Rainboweagle nicht aus Versehen nach links steuert, wenn rechts geboten ist.

Um uns herum vollzieht sich indes der kurze Übergang vom Sommer zum Winter. Einen hübsch goldigen Herbst, wie wir ihn aus Europa kennen, hat Alaska nicht zu bieten. Die Nächte werden wieder dunkel und zugleich empfindlich kalt. Noch haben wir zwar keinen Frost, aber lange wird auch das nicht mehr dauern. Wir machen uns lieber warme Gedanken, zum Beispiel solche, die sich um Lachs drehen. Denn die Saison hat inzwischen begonnen, und wir spekulieren sehr darauf, entlang des Flusses von den Fischern etwas Lachsfleisch kaufen zu können. Die Bären, notorisch klamm bei Kasse, nehmen das lieber gleich selbst in die Tatzen. Daran lassen die frischen Braunbärenspuren, die wir im Uferschlamm finden, jedenfalls keine Zweifel. Kurz darauf sehen wir auch Grizzlys auf Futtersuche über die Böschungen spazieren. Bei den Bären steht der Lachs ganz weit oben auf der vorwinterlichen Speisekarte. Es ist sattsam bekannt, dass die schmackhaften Fische jetzt flussaufwärts zu ihren Laichplätzen wandern. Zudem bricht nun auch die Brunftzeit der Elche und Hirsche an – und wie sich das auswirken kann, hat uns bereits ein Wapiti in den Rocky Mountains eindrucksvoll demonstriert. In Summe gestaltet sich das Anlegen nun also deutlich schwieriger, zumal uns immer häufiger dichter Nebel die Sicht versperrt. Die Möglichkeiten, einen geschützten Ankerplatz zu finden, schrumpfen zusehends – wie auch unsere Vorräte.

Umso unangenehmer überraschend ist es, dass die Fischräder, mit denen die Lachse üblicherweise aus dem Fluss geholt werden, stillstehen. Die Camps der Fischer sind leer, keine Menschenseele ist zu sehen.

LINKS | Endlich begegnen wir doch noch einer Familie von Lachsfischern. Mit geübten Handgriffen und routinierter Schneidetechnik zerlegt diese Frau den frisch gefangenen Lachs. Der Fisch wird direkt vor Ort weiterverarbeitet. Ein paar Gläser finden auch den Weg in unsere Vorratsbox.

UNTEN | Die Huskys haben im Sommer nicht viel zu tun. Im Camp sollen sie hauptsächlich die Bären auf Distanz halten, die der Geruch von frischem Lachs anlocken könnte.

OBEN | Einen so komfortablen Anlegesteg wie bei den Lachsfischern findet man an den Ufern des Yukon selten. Allerdings ist es hier steinig, und nur wenige Zentimeter Wasser trennen die Schläuche unseres Floßes vom harten Grund.

RECHTS | Stan Zuray ist ein lustiger Geselle, außerdem Fernsehstar einer Dokumentarserie über das Leben am Yukon und für die Regierung offizieller Lachszähler. Aufgrund der geringen Bestände sind Kontrollen eingeführt worden, und der Fang ist untersagt.

Zusammen mit den Nebelschwaden, die über den Fluss geistern, ergibt das eine recht gespenstisch anmutende Szenerie, die wir uns nicht erklären können. Vielleicht finden wir in Tanana Antworten, einem stattliche 250 Seelen zählenden Dorf. Es liegt nur noch wenige Kilometer vor uns, genau dort, wo der gleichnamige Fluss in den Yukon mündet. Eine Grizzlymutter zieht mit ihren beiden Jungen am Ufer entlang und scheint sich ebenfalls ein wenig zu wundern. War hier sonst um diese Zeit nicht mehr los? Ich spüre, wie uns eine kräftige Strömung erfasst und in das unruhige Wasser einer Flussbiegung zieht. Mit floßuntypisch hohem Tempo biegen wir um die Ecke, und ich will gerade versuchen zu errechnen, wie viel Knoten Fahrt wir dabei machen, da entdecke ich unter einer Felswand endlich ein sich drehendes Fischrad und ein paar Hundert Meter weiter auf der gegenüberliegenden Seite das zugehörige Camp. Einige Huskys, ein halbes Dutzend, hängen dort an ihren Ketten und dösen vor sich hin. Dichter Rauch steigt aus einem Rohr auf, das auf einem Bretterverschlag sitzt. Klarer Fall: Dort wird Lachs geräuchert. Mit nicht zu verachtender Vorfreude läute ich das Anlegemanöver ein. Die Männer haben ein paar Baumstämme zu einer Art Steg zusammengebunden, der etwa zehn Meter weit in den Fluss hineinragt. Dort liegen auch zwei der Aluminiumboote, wie sie die Flussfischer gerne benutzen. Sie sind leicht gebaut und trotzdem stark genug, den Untiefen und steinigen Böden zu trotzen. Dabei denke ich kurz an unsere beiden Schläuche, von denen sich der linke gerade

an einem der großen Flusssteine reibt. Noch während wir mit der Rainboweagle längsseits gehen, zeigt sich die gute Wahl des Platzes. Es ist flach und steinig, ideal zum Lachsfischen.

Das Camp gehört Stan Zuray und seiner Familie, die hier den ganzen Sommer verbringen, erklärt uns der Hausherr noch während der kurzen Begrüßung am Ufer. Der freundliche, aber auch ernste Mann mit dem wettergegerbten Gesicht ist, wie wir später erfahren, der Star von Tanana und als solcher weit über die Grenzen Alaskas hinaus bekannt, sozusagen international. Hintergrund ist die amerikanische Doku-Serie *Yukon Men*, die das Leben der Bewohner von Tanana porträtiert und über Discovery Channel ausgestrahlt wird. Stan gilt dort als eine der Lichtgestalten. Doch wir sind nicht hier, um einen Fernsehstar zu interviewen. Wir wollen wissen, was es mit den Lachsen beziehungsweise deren Fehlen auf sich hat. »Ja, früher war das ein sehr guter Fischgrund«, nickt Stan bedächtig. »Doch dieses Jahr gibt es nur Silberlachse.« Er erzählt weiter, dass der Königslachs, der größte und beste unter den Lachsen, ausbleibt. Vor 20 Jahren wären noch 300 000 Königslachse jede Saison den Fluss hinauf zu ihren Laichplätzen gezogen, dieses Jahr waren es vielleicht noch 40 000. Die Regierung hat den Lachsfang deshalb erst einmal gestoppt, und nur weil Stan eine der drei zugelassenen Zählstationen entlang der 3200 Flusskilometer betreibt, darf sich sein Fischrad überhaupt noch drehen. Per Sensor wird jeder Lachs registriert, der eine

Runde durch Stans Rad dreht, Sekunden später verschwindet er wieder im trüben Wasser des Flusses. Die Ergebnisse seiner Auszählung meldet Stan täglich über Satellit nach Anchorage. Dort werden dann in einem Büro die Fangquoten bestimmt. »Früher bildeten die Lachse noch die Hauptnahrungsquelle der Menschen am Yukon, heute sind sie nur noch für wenige eine Lebensgrundlage. Das Problem liegt auf der Hand«, sagt Stan. »Die großen Fischereikonzerne fangen den Lachs bereits an der Mündung zum Pazifik ab. Wir hier, die seit Generationen entlang des Flusses vom Lachs leben, gehen seitdem leer aus.« Aber nicht nur der Fischfang durch große Trawler, sondern auch Wasserkraftwerke, Wehre und dergleichen versperren den Fischen ihre natürlichen Wege. Zudem hat die Verschmutzung der Gewässer zum allmählichen Verschwinden der Lachse beigetragen, die ihrerseits eine verlässliche Nahrungsgrundlage für über 200 Tierarten darstellen. So wurde auch in Alaska und Kanada der Bestand der pazifischen Lachse seit Beginn des 20. Jahrhunderts stark dezimiert.

Stan ist froh, dass seine Kinder den traditionellen Fischfang und die damit einhergehenden Weiterverarbeitungsmethoden überhaupt noch kennenlernen. Als Ausgleich für die Arbeit an der Zählstation dürfen die Zurays ein paar Silberlachse für den Eigenbedarf fangen. Dieser Fisch wird dann von Stans Frau und ihrer Schwester traditionsgemäß gleich vor Ort weiterverarbeitet. Er wird eingeschnitten und getrocknet, das rotorange Fleisch über Stöcke gelegt und geräuchert. Die Frauen füllen Gläser mit saftigen Lachsstücken und kochen sie ein. Mit freundlichem Lächeln reicht uns Stans Frau drei solcher Gläser – ein Geschenk, das wir herzlich gerne annehmen.

LINKS OBEN | Stans Kinder sind im Sommer mit im Camp – ein Abenteuerspielplatz der besonderen Art, aber auch ein bisschen kulturelle Bildung. Bei Stan lernen sie die Tradition des Fischfangs aus erster Hand.

LINKS UNTEN | Die ganze Familie Zuray lebt hier am Yukon ein paar Kilometer von Tanana entfernt. Im Fischcamp haben sie sich perfekt für den Sommer eingerichtet.

UNTEN | Saftige Lachsstreifen werden zum Trocknen über ein Stück Holz gehängt. Es gibt viele verschiedene Möglichkeiten, den Fisch haltbar zu machen.

LOGBUCH RAMONA 11

13.08.2014 | YUKON RIVER, ZWISCHEN TANANA UND RUBY | 64°56'16"N 154°38'03"W

Mario ist ein Mensch, der gern mal übertreibt. Er sagt immer, Übertreibung veranschaulicht die Darstellung. Dauernd hat er gewarnt, dass wir mit dem Wetter aufpassen müssen und mit den Wellen. Und ich habe es einfach nicht ernst genommen. Aber dann kamen gestern Wellen, und ich dachte, wir sterben. Ich habe mich einfach nur auf unser Klo gesetzt und an den Balken festgehalten. Unser Floß aber schwamm wie ein Korken im Wasser und tanzte auf den Wellen, der Motor konnte

hinten nicht mehr greifen und Mario nicht mehr manövrieren. Der Fluss war superbreit an dieser Stelle, und keine dieser kleinen Buchten, die Schutz bieten, weit und breit. In der Kabine ist alles hin und her geflogen. Mario war trotz allem total ruhig. Da wusste ich, es ist ernst. Er sagte nur: »Wir müssen rüber auf die andere Seite.« Ganz langsam hat er den Motor eingesetzt, und immer wieder kamen die Wellen. Als wir endlich angelegt haben, fanden wir uns in einer Geisterstadt wieder. Ich bin mit Patrick losgelaufen. Zwischen eingefallenen Hütten stand eine Kirche, die im Vergleich zu den anderen Gebäuden noch gut erhalten war, und daneben der Indianerfriedhof. Die Gräber sehen aus wie kleine Kinderbetten, das ist ziemlich unheimlich. Wir standen zwischen Kirche und Friedhof, als ich eine Stimme hörte. Ich drehte mich zu Patrick und fragte: »Was hast du gesagt?« Und er: »Ich hab nix gesagt.« Wir schauten uns kurz an, und Patrick meinte schließlich nur knapp: »Wir gehen.« Patrick ist eigentlich ein mutiger Kerl, aber das war schon sehr gruselig dort.

LINKS OBEN | Stan erklärt uns, wie ein Fischrad funktioniert. Nur kurz werden die Silberlachse aus dem trüben Flusswasser geholt und dann direkt wieder freigelassen.

LINKS MITTE | Ein ausgeklügeltes System schleust die Lachse an Sensoren vorbei, um sie zu zählen.

LINKS UNTEN | Der Silberlachs ist bereits ein großer Fisch, aber der Königslachs ist – wie der Name schon sagt – der König unter den Lachsen.

UNTEN | Stan vor seinem Zählwerk, das von früh bis spät im Einsatz ist. Mit so einem Fischrad könnte man auch Lachse fangen, was aber zurzeit nicht erlaubt ist.

EIN REBELL IN FREIHEIT

»Kontrolle, selbst über unser eigenes Leben, ist eine Illusion, und Freiheit ist ein Zustand des Denkens.«

WOLFGANG HEBEL

Seit wir unsere Krise überwunden haben, kommen wir ausgezeichnet voran und schaffen jeden Tag unser Etappenziel. Die Beringsee rückt näher, und die Stimmung an Bord ist unaufgeregt optimistisch. Bevor jetzt bald der Yukon nach Süden abbiegt und wir ins Land der Inuit kommen, wollen wir noch die kleine Siedlung Ruby anlaufen. Der Fluss schlängelt sich in sanften Kurven an den weit abgelegenen Ort heran. Etwa 200 Kilometer hinter Tanana schmiegt sich Ruby mit seinen 170 Einwohnern an den steilen Hang, der direkt am Flussufer in die Höhe wächst. Dort, in dieser sprichwörtlichen Abgeschiedenheit Alaskas, soll seit über drei Jahrzehnten ein deutscher Abenteurer leben: Wolfgang (Wolf) Hebel. In Deutschland hatte ich sein Buch *Auf der Suche nach Freiheit* gelesen, das mich neugierig auf den heute 78-jährigen Aussteiger gemacht hat. Ein außergewöhnlicher Abenteurer, der bereits Anfang der 1960er-Jahre nach Amerika kam und unter anderem in Kanada, Mexiko und den USA lebte, bevor er hier oben in Alaska seine Freiheit fand. Ehrlich gesagt weiß ich gar nicht, ob er überhaupt noch lebt.

Wir legen neben ein paar Fischerbooten an. Um trockenen Fußes an Land zu kommen, zimmern wir aus zwei Baumstümpfen und ein paar Pfosten schnell eine kleine provisorische Schlammbrücke. Hier am Ufer fanden die Glücksritter zur Goldgräberzeit einst ein paar rötliche Steine, die sie für Rubine hielten. Diesem denkwürdigen Ereignis verdankt der Ort, der ansonsten nicht viel mit einem Edelstein gemein hat, seinen Namen. Gewöhnlicher Fels überwiegt eindeutig. Weit oben sticht ein Vorsprung aus Stein markant aus dem bewaldeten Hügel heraus. Die Leute nennen ihn »Blaff«. Von dort oben müsste man eine gute Aussicht haben, denke ich. Aber die Kletterei sparen wir uns fürs Erste.

Wolfgangs Hütte steht nur etwa einhundert Meter den Hang hinauf. Der alte Abenteurer ist zu meiner großen Freude wohlauf. Er lebt allein in seinem kleinen, etwas baufällig wirkenden Häuschen, das er sich hier vor 30 Jahren an den Berg gebaut hat, Yukon-Blick inklusive. Sein einziger Begleiter ist sein Hund Thorak, der auch schon in die Jahre gekommen ist und zur Hälfte vom Wolf abstammt. Der Hund weicht nicht von Wolfgangs Seite. Das Stück Land hat er sich selbst abgesteckt, damals galt noch das alte Siedlergesetz. »Du bist gekommen, hast dir ein Stück Land herausgesucht und einfach gebaut. So war das.« Obwohl auch Wolfgang

LINKS | Wolfgang Hebel in seinem Abenteurer-Outfit. Der heute 78-jährige Aussteiger lebt seit über 30 Jahren in Ruby. Er hat bereits alles gefunden, was er je gesucht hat.

UNTEN | Die Regale in Wolfgangs Holzschuppen sind gefüllt mit Knochen und Schädeln der unterschiedlichsten Tierarten. Das Sammeln dieser Überreste tierischen Daseins ist seine Leidenschaft.

sich dazu bekennt, Menschen nicht sonderlich zu mögen, scheint er sich doch über unseren Besuch zu freuen. Wir werden sofort eingeladen und sitzen noch am selben Abend bei ihm zu Hause, wo wir dann das erste Mal in unserem Leben Bärenfleisch serviert bekommen. Geschmacklich vergleichbar mit Rind.

Die Hebel'sche Residenz scheint im Wesentlichen aus Dreck, Schrott und Zement errichtet zu sein, aus den unterschiedlichsten Teilen und Materialien zusammengeschustert. »Wenn man es richtig nimmt, dann habe ich das Haus aus den Sachen gebaut, die andere Leute weggeschmissen haben.« Er erzählt uns, dass der Permafrostboden einmal so weich geworden sei, dass die Hütte beinahe abgesackt wäre und er sie nur noch retten konnte, indem er vom Schrottplatz eine verbeulte Autotür holte und diese als Unterbau nutzte: »Die hab ich dann in den weichen Boden gelegt und eine Stütze damit verkeilt, um das Haus zu stabilisieren, und das Loch mit Dreck verfüllt. Die Autotür liegt heute noch dort drunter.« Als die Post in Ruby renoviert wurde, hatte man vergessen, den Boden abzudecken, erinnert sich Wolfgang an ein anderes gutes Beispiel. Die mit Farbe bekleckerten Dielenbretter seien einfach rausgerissen und entsorgt worden, aber er hat sie sich vom Schrottplatz geholt, abgeschliffen und in sein Wohnzimmer gelegt. Und da liegen sie nun seit drei Jahrzehnten. »Viele Leute sind zu faul, die Nägel aus einem Kantholz zu ziehen«, untermauert er seinen Pragmatismus. »Die denken: Das ist doch nur ein Kantholz. Wenn du aber eins brauchst und keins hast, dann weißt du es zu schätzen.«

Wolfgang war zehn, als der Zweite Weltkrieg für beendet erklärt wurde. Er hat früh gelernt, mit wenig zurechtzukommen und zu improvisieren. Die Leute bauten sich damals Betten aus Stroh und lebten von dem, was sie auf den Dörfern erbetteln konnten. Wenn es nicht genug zu essen gab, dann sind sie auch schon mal nachts beim Bauern eingestiegen und haben sich ein paar Kartoffeln geholt. Das nannte sich damals »organisieren«. Somit erlebte er bereits als Kind ein wenig Wilden Westen, probierte es dann aber doch zunächst mit der gemäßigten Braunschweiger Zivilisation. Wählte den Beruf des Glasbläsers, heiratete – und schaute eines Tages auf sein Leben. »Da wurde mir klar, dass ich so nicht weitermachen konnte. Jeden Tag zur Arbeit und wieder zurück, und das bis zu meinem Lebensende? Das durfte nicht so bleiben.« Der Mittzwanziger hielt es nicht mehr

LINKS OBEN | Ruby kauert am Hang direkt an den Ufern des gigantischen Flusslaufes. Steil steigt der Hang an. Eine befestigte Straße gibt es nicht. Kein Weg führt aus der Wildnis hinaus – außer dem Boot und dem Buschflugzeug.

LINKS UNTEN | Jagen und Fischen steht nicht mehr ganz vorn auf Wolfgangs To-do-Liste, aber Pilze nimmt er immer gerne mit. Er weiß genau, wie man in der Wildnis überlebt.

UNTEN | Diese alte Tasche mit der Aufschrift »MEXICO« zeugt von Wolfgangs Zeiten im Süden Amerikas. Wochenlang hat er dort in der Wüste zugebracht – eines von vielen Abenteuern in seinem Leben.

OBEN | Wolfgang kredenzt uns Bärenfleisch zum Abendessen. Schwarzbär steht hier oben im Norden häufiger auf der Speisekarte. Und es schmeckt auch als Gulasch, wie wir selbst feststellen durften, nachdem uns einer der Ureinwohner eine Bärenkeule geschenkt hat.

RECHTS | Das Haus von Wolfgang hat schon viele Jahrzehnte in der rauen Natur Alaskas überstanden. Die etwas erhöhte Hundenapfhalterung hat Wolfgang für seinen treuen Begleiter Thorak besorgt. Der Vierbeiner ist schon etwas in die Jahre gekommen und soll es bequem haben.

aus, wollte nur noch weg von dem ganzen Getümmel in Deutschland. Einige Bekannte waren bereits nach Kanada ausgewandert und übernahmen die Bürgschaft für ihn, und so gelangte Wolfgang Hebel ohne viel Federlesens nach Nordamerika. Schlug sich zunächst in Vancouver als Haussitter durch, arbeitete nachts illegal in einer Metallfabrik, schuftete später als Schwarzarbeiter auf kalifornischen Baustellen, wurde verhaftet und fand schließlich wieder eine Stelle als Glasbläser. Dabei fühlte er sich unablässig von der Wildnis angezogen. »Wochenlang habe ich in der Wüste Mexikos zugebracht und mich von Erdhörnchen und Klapperschlangen ernährt. Das war Abenteuer pur: einfach alleine in der Wüste leben und keine Menschenseele sehen.«

Mit zwei Freunden und einem schrottreifen Truck machte er sich bald wieder auf den Weg nach Norden. Alaska sollte es werden, dünn besiedelt, unwirtlich und wild. Während seine Freunde schnell Arbeit fanden und sesshaft wurden, blieb Wolfgang der Herumtreiber. Er schlug sich über Wochen auf eigene Faust in die Wildnis und träumte davon, einmal den Yukon zu befahren. »Ich hatte da gerade meine zweite Frau kennengelernt, mit der es mir eigentlich anfangs gar nicht so ernst war«, erzählt er uns, während feine Lachfalten listig seine Augen umspielen. »Sie hatte eine gute Stelle bei der Post, deshalb habe ich sie innerlich fast abgeschrieben. So etwas gibt ein Mädchen doch nicht für einen waghalsigen Streuner und seine wilden Ideen auf. Doch als ich sie fragte, ob sie mitkommen

würde, hat sie sofort ja gesagt! Gemeinsam sind wir dann den Yukon mit einem Kanu hinuntergepaddelt. Bis nach Holy Cross sind wir gekommen.« Mit leeren Taschen, aber um viele neue Begegnungen und abenteuerliche Momente reicher kehrten sie vom Yukon zurück. »Diese Reise hatte auch mein Leben verändert. Da war plötzlich diese Sehnsucht. Ich wusste, ich muss irgendwann an den Fluss zurückkehren.« Die beiden heirateten schließlich in Fairbanks, nahmen sich dort eine Mietwohnung, und Wolfgang arbeitete im Zoo, ein Job, der ihm sehr gefallen hat. Bis die Zoochefin runde Käfige bauen wollte. »Das habe ich nicht verstanden. Tiere brauchen Ecken.« Als sie ihm mit Entlassung drohte, legte er wortlos seine Schlüssel auf den Tisch und ging.

»In Ruby bin ich dann eigentlich wegen Frank hängengeblieben, den hatte ich oben in Kokrines kennengelernt.« Die Häuser der inzwischen aufgegebenen Siedlung rotten einige Kilometer flussaufwärts vor sich hin. »In Kokrines hab ich meine erste Saison als Trapper verbracht. Ich richtete mir eine verlassene Hütte her, blieb dann dort über den Winter, mein erster Winter am Yukon.« Die Gegend um Kokrines wurde zu Wolfgangs Revier, er konnte Fallen legen, wo immer und so viele er wollte. Und obwohl er nur mäßige Jagderfolge zu verzeichnen hatte und der erste Winter viele Entbehrungen mit sich brachte, blieb er. Frank, selbst Native American und Spezialist in Sachen Leben in der Wildnis, habe immer zu ihm gesagt: »Das Tier ergibt sich dem Jäger, der es verdient.« Zwei Jahre brachte er

RECHTS | Sein Gewehr hat Wolfgang oft dabei, auch wenn er nur selten auf die Jagd geht. Eine Schießübung außerhalb von Ruby zum Zeitvertreib: Er stellt eine Bierbüchse auf einen Baumstumpf und trifft sie beim ersten Versuch.

UNTEN | Ein alter Cowboy. Wolfgang führt uns ins Hinterland, 50 Kilometer sind wir in die Wildnis des Landesinneren vorgedrungen. Aber das Rebhuhn, das uns Wolfgang zum Abendessen schießen will, hält sich an diesem Tag tapfer versteckt.

in Kokrines zu und fand letztendlich als Trapper hier oben auch sein Auskommen. Doch dann wurde seine Frau schwanger, und er kehrte nach Fairbanks zurück, zurück in jenes normale Leben, das ihm noch nie gefallen hat. Somit dauerte es auch nicht lange, bis ihm die Decke endgültig auf den Kopf fiel und er in Ruby seinen Bauplatz fand, den er seither nicht mehr verlassen hat – zumindest nicht, um woanders zu wohnen. »Ruby ist genau richtig. Mitten in Alaska, weit abseits der ganzen Hektik. Hier fühle ich mich wohl, hier kenne ich jeden, und keiner tut mir was.« Er arbeitete als Lehrer, soff mit den Einheimischen und verwickelte sich in einige Schlägereien. Wurde gekündigt, ließ sich aber nicht mehr aus seinem Bau verjagen. Ein kantiger Typ eben, den alle treffenderweise nur »Wolf« nennen. Ein hartgesottener Abenteurer vom Schlag des ewigen Rebellen, der sich nur dann wirklich lebendig fühlt, wenn er täglich irgendein Gesetz brechen kann – und sei es nur die Parkordnung.

»Frank hat mir damals viel von früher erzählt, als die Indianer hier noch ungestört lebten und es keinen weißen Mann gab. Das Leben schien langsamer und voller zu sein. Sie haben gejagt, auch viel gefischt. Wenn man damals Fisch brauchte, dann hat man sein Netz einfach in den Fluss gehängt. Heute geht das nicht mehr. Es gibt viel zu viele Bestimmungen darüber, wann gefischt werden darf und wo und wie. Sogar die Größe der Maschen schreiben sie dir vor. Vom Land zu leben, so wie es seit Generationen gemacht wurde, ist unmöglich geworden. Die absolute Freiheit findest du selbst hier oben nur noch sehr vereinzelt. Schau dich um: Das Land ist weit, und du kannst eigentlich machen, was du willst, aber letztlich bräuchtest du trotzdem für alles eine Genehmigung. Alles ist reglementiert. Das ist doch keine Freiheit mehr!«

Lange Jahre konnte Wolfgang seine Freiheit noch relativ ungestört genießen. Die Wende kam mit der Pipeline, die in den Norden führt. Seither geht es auch hier am Yukon nur noch ums Geld. Der Staat hat sogar ein bisschen in Ruby investiert. Eine Stadthalle und ein Kühlhaus wurden errichtet, jeder bekam Strom ins Haus gelegt. Bald liefen die ersten Fernseher, Telefone begannen zu klingeln. Man schaffte sich Schneemaschinen an und die Hunde vor den Häusern allmählich ab. Die Fallenstellerei lohnt sich kaum noch. »Und so langsam hat alles andere auch aufgehört, was einst Orte wie diesen ausmachte«, bilanziert er nicht ohne

eine gewisse Wehmut in der Stimme. »Heute sitzen sie alle zu Hause und glotzen in die Röhre.« Früher, so erzählt er weiter, habe er jeden Abend mit den Einheimischen am Lagerfeuer gehockt, sich übers Fallenstellen unterhalten und darüber, welchen Blödsinn irgendwelche Neuankömmlinge schon wieder angestellt hatten. »Heute rasen die jungen Indianer mit ihren Mopeds durch den Ort und wissen gar nicht mehr, wie man hier ohne Hilfe überleben kann.«

Die Zeiten haben sich geändert. Jede Generation steht vor ihren eigenen Herausforderungen und muss sich in Begriffen wie Freiheit selbst neu verorten. Ich denke, dass es weder eine absolute »Freiheit« gibt noch eine allgemeine. Dass sich der Freiheitsgedanke in eines jeden Menschen Kopf ganz individuell entwickelt und man selbst herausfinden muss, ob man frei ist oder nicht. Wolf fühlt sich frei. Er erzählt, dass es ihm besonders jetzt in höherem Alter wichtig sei, sich frei bewegen zu können und auszusprechen, was er denkt. Er äußert seine Meinung gerne unverblümt. Dabei habe das Alter auch gewisse Vorteile. »Natürlich könnte mir ein großer Kerl Probleme bereiten. Aber erstens würde er bestraft, weil er einen alten Mann geschlagen hat, und zweitens läuft er trotzdem noch Gefahr, von dem Greis niedergestreckt zu werden. Er würde sich also so oder so vor den anderen blamieren.«

Wolfgangs Frau ist Eskimo, und auch seine Kinder, die in Fairbanks leben, sind als Inuit anerkannt. Man respektiert ihn hier als Familienoberhaupt wie

RECHTS | Der kleine Friedhof außerhalb von Ruby auf einem Hügel mit den traditionellen Indianergräbern. Ganz in der Nähe befindet sich ein sehr schöner Aussichtspunkt, von dem man eine wunderbare Weitsicht über den beeindruckenden Flusslauf genießen kann.

einen zähen alten Alpha-Rüden. Für ein neues Abenteuer ist Wolfgang inzwischen zu alt, und von hier weg will er ohnehin nicht. Schon allein wegen Thorak. Er geht auch nicht mehr so oft an den Fluss und in die Wälder, um selbst zu fischen und zu jagen. Frisches Fleisch bekommt er von Freunden, die ihn gelegentlich besuchen. »Ich hab noch nie gehungert«, knurrt er zufrieden. »Bär, Elch, Fisch – es ist immer etwas im Kühlschrank.« Mit seiner Rente und kleinen Zuweisungen aus der alten Heimat Deutschland kommt Wolf im Monat auf knapp 1200 Dollar. Damit liegt er unter der Armutsgrenze, die Krankenversicherung zahlt also der Staat. »Dass das alles überhaupt so läuft, verdanke ich meiner Tochter. Sie hat den ganzen Papierkram für mich erledigt. Ich komme mit diesem Schreibzeug nicht klar. Was die alles wissen wollen! Da schalte ich gleich wieder ab.«

Viel interessanter ist da doch, was der Yukon hin und wieder in Ruby an Land spült. Wolfgang lebt sehr nah am Fluss und kommt deshalb auch häufig in den direkten Genuss solcher Begegnungen. »Hier kommen schon ab und zu seltsame Gestalten vorbei, sage ich dir. Einmal landete ein Mann an, der saß auf einem Sofa, welches auf einem Floß aus Baumstämmen stand. Das Einzige, was er bei sich hatte, war eine Axt. Nichts zu essen, kein Wasser. Ich gab ihm ein paar Cracker, und am nächsten Tag war er wieder verschwunden. Man hat nie wieder etwas von ihm gehört. Ein andermal kam einer mit einem Kanu, der lag im Boot und paddelte mit den Händen. Hatte lange, blonde Haare und nur zerrissene Klamotten am Leib. Er ist eine Runde durch das Dorf gelaufen, ohne mit jemandem zu sprechen. Zurück am Ufer, nahm er einen Lachskopf aus einem Hundenapf und hat ihn gegessen, dann legte er sich wieder in sein Kanu und paddelte mit den Händen davon. Keine Ahnung, was aus dem geworden ist.« Es kümmert sich auch niemand darum. Ein aussichtsloses Unterfangen wäre das, wie selbst Wolfgangs Freunde von der Polizei meinen. »Wenn hier einer verschwindet, dann ist er weg. Es gibt keine Gegend, in der ein Mensch leichter verlorengehen kann als in Alaska. Alles ist so verzweigt, die Seen und unzähligen Tümpel, die undurchdringliche Wildnis. Selbst wenn man einen Toten finden würde, wäre schwer festzustellen, was genau passiert ist. Eine Leiche bleibt dort draußen nicht lange liegen, irgendwann frisst ein Bär oder ein Rudel Wölfe sie, und dann bleiben nur ein paar Knochen übrig. Wie willst du da noch rauskriegen, ob er an umgeknicktem Knöchel oder giftigen Beeren gestorben ist?«

Und Wolfgang rollt noch ein Beispiel auf und erzählt von seinem Freund John, Kapitän eines Transportschiffs, der vor vielen Jahren in Kokrines eine neue Hütte gebaut hat. »Wir waren zu dritt und blieben mehrere Tage dort oben. Es war

Winter, und ich fuhr mit einem dieser beiden Freunde nach Ruby, um irgendwelche Teile zu besorgen. Als wir am nächsten Tag zurückkamen, fanden wir vor der Hütte einen toten Bären, dem gerade die Eingeweide herausgenommen worden waren. Unser Freund aber war verschwunden. Wir haben ihn nie mehr wiedergesehen.« Heute steht dort ein Stein, mit dem die Eltern an den verlorenen Sohn erinnern. Wer in Alaska lebt, lebt auch damit. Mit der Unbarmherzigkeit der Wildnis, mit ihren unberechenbaren Gefahren. So manches Unglück und etliche mysteriöse Todesfälle tragen sich hier am Yukon zu. »In so einer Region musst du schnell lernen zu überleben, sonst holt dich die Wildnis«, befindet Wolfgang kühl. Instinktives Handeln, so lautet sein Geheimnis, das ihn schon aus vielen gefährlichen Situationen gerettet hat und jetzt abwiegelnd »Alles halb so wild« sagen lässt. Klingt einfach, ist es aber keineswegs, wenn einen die Gesellschaft darauf trimmt, nur rationalen Berechnungen zu vertrauen, und es schon fast als esoterischer Hokuspokus gilt, wenn jemand lieber auf seinen Bauch hört. Auch für die Menschen müsse man ein Gefühl entwickeln, meint Wolfgang dann. Manche seien einfach zu handhaben, andere dagegen eher schwierig. »Am Ende gleicht sich alles wieder aus«, formuliert er mit einfachen Worten eine tiefe Weisheit.

Dann zeigt er uns seine kleine Schnitzwerkstatt im schiefen Holzschuppen nebenan. Die Hebel'schen Kunstwerke waren uns schon in seinem Haus aufgefallen: Bunte Malereien auf Knochenresten hängen an den Wänden, geschnitzte Figuren erzählen Geschichten aus vergangenen Tagen. Eine Szene etwa zeigt drei Native Americans, die auf Baumstümpfen hocken, jeder eine Büchse Bier in der Hand. »So habe ich sie erlebt, als ich hier angekommen bin.« Ursprünglich wollte er sich mit dem Schnitzhandwerk selbstständig machen, aber die Bürokratie dahinter war ihm dann zu anstrengend. Trotzdem fertigt er unzählige Figuren aus Knochen und Elfenbein, bemalt die Gebeine mit fantasievollen Bildern und verkaufte seine Werke auch ab und zu an Besucher. Das Material dafür sucht er selbst, gräbt es oft mit bloßen Händen aus. »Tagelang hab ich in den Bone Yards oben am Fluss nach Knochen gesucht«, bemerkt er beiläufig und lässt seinen Blick auf all den Schatullen und Regalen ruhen, in denen so mancher Schatz verstaubt. Er zeigt uns Wolfs- und Bärenschädel in der prall gefüllten Vorratskammer, die dunklen Ecken bringen Elchzähne und Büffelknochen zum Vorschein. Sogar Über-

RECHTS OBEN | Dieser Mammutstoßzahn bringt es auf 70 bis 80 Kilogramm, und dabei ist er nur zur Hälfte erhalten. Hier im Norden finden sich viele dieser Überreste.

RECHTS UNTEN | Wolfgangs Holzschuppen ist voller Schädel, Knochen und anderer Fundstücke. Jahrelang hat er aus dem gefundenen Material Schmuck, Skulpturen und Bilder hergestellt.

UNTEN | »The Hebels« steht über der Eingangstür zu Wolfgangs Haus. Früher hat er hier zusammen mit seiner Frau und den Kindern gewohnt. Mittlerweile lebt der Rest der Familie in Fairbanks.

reste des Schädels eines prähistorischen Amerikanischen Löwen bewahrt er in einer seiner Schatzkisten auf. »Solche Funde habe ich früher häufiger von Goldgräbern bekommen, aber auch die wissen mittlerweile, dass man damit Geld machen kann.« Wieder kramt Wolfgang einen Bärenschädel hervor. »Dieser Grizzly hat wahrscheinlich von einem Elch einen Schlag mit dem Huf abbekommen, sein Gebiss ist total verschoben. Den habe ich im Wald gefunden.« Aber auch Walknochen aus Nome an der Beringstraße und ein Elchschädel gehören zu seiner Sammlung. Die wertvollsten Stücke indes stammen vom Mammut, allesamt selbst ausgegraben. Die riesigen, vor etwa 10 000 Jahren ausgestorbenen Landsäuger waren während der Eiszeit über die Beringstraße gekommen, damals eine Landbrücke. Im heutigen Alaska fanden die Mammutherden üppiges Grasland vor. Als die Gletscher schmolzen, wurden die Knochen der verendeten Tiere im Tal zusammengewaschen. Jetzt gibt der Fluss diese Schätze nach und nach wieder frei. »Einmal habe ich zwei fast intakte Stoßzähne gefunden, die haben mir 7000 Dollar gebracht.«

Wolfgang ist von den Schädelknochen der Mammuts fasziniert. Sie sind porös und löchrig wie eine Bienenwabe. Dadurch waren sie einerseits als Schutz dick genug, aber dennoch nicht zu schwer, sodass die Tiere ihren riesigen Schädel noch tragen konnten. Das Mammut wurde über vier Meter groß, gut ersichtlich auch an den Zähnen, die Wolfgang in einer Kiste aufbewahrt. Die Kaufläche eines Mammutzahns entspricht in etwa der Handfläche eines Menschen, samt Fingern. Dann zieht Wolfgang unter einer Plane das Horn eines Steppenbisons hervor, des ausgestorbenen Vorfahren der heutigen Büffel. Schließlich gräbt er noch unter all den Geweihen und Knochen einen echten Mammutstoßzahn aus. Wir müssen ihn zu zweit herauszerren, und es fällt mir schwer, den Stoßzahn alleine zu halten. Wolfgang klopft mir auf die Schultern und lächelt hintergründig: »Das ist nur eine Hälfte.«

Er hebt alle Knochenreste auf, deren er habhaft werden kann. Aus jedem Stück ließe sich etwas machen. Das Elfenbein graviert er und bemalt es mit Tinte. Arbeitet Kaktusgerippe, geformtes Treibholz und Vogelschnäbel in seine Kunstwerke ein. In das harte Stück Horn eines Wals hat er die Konturen der Buckelwale geritzt, von denen der Knochen stammt. Manche Fragmente konnte er auch nicht zuordnen. »Ein Stück

Knochen hab ich einmal nach Deutschland geschickt, um es analysieren zu lassen. Da stellte sich heraus, dass mein Fund von einem sehr alten Wildpferd stammt.« Dann zeigt er uns noch die Reste des Amerikanischen Löwen aus prähistorischer Zeit und erzählt, dass er sich erst in einem Museum, wo er ähnliche Stücke entdeckte, klarwurde, von welchem Tier sein Fund stammt. Ich bin begeistert, mit welch fachlichem Interesse und mit welcher Akribie Wolfgang diese historischen Fundstücke behandelt. Irgendwie passt diese Begeisterung gut zu seiner eigenen Geschichte als Aussteiger und Abenteurer.

Dabei entpuppt sich der mit allen Wassern gewaschene Huntsman Hebel gar nicht als der harte Cowboy, für den ich ihn anfangs hielt. Er weiß, dass der wahre Reichtum nur in Harmonie mit der Natur gefunden werden kann. In seinem Buch *Auf der Suche nach Freiheit* hat er sein Leben reflektiert und festgestellt: »Ich hatte mehr Freiheit, als ich mir hätte träumen lassen, und der Reichtum meiner Erlebnisse kann mit materiellen Werten oder Besitz nicht gemessen werden. Wenn ich heute das goldene Laub der Wälder entlang des Yukon bewundere, dann bin ich mir voll bewusst, dass auch ich im Herbst meines Lebens stehe. Ich frage mich, ob ich wirklich das gefunden habe, was ich in meinem Leben suchte. Die Antwort ist und bleibt ein klares: Ja.«

Vor ein paar Jahren hatte Wolfgang aus einer Laune heraus die Idee, sich ein neues Haus zu bauen. »Man muss eben etwas zu tun haben im Leben«, lautet seine Erklärung. Das Hausprojekt hält ihn in Schwung. Gebaut wird auf Permafrostboden. Während sein altes Haus auf Balken steht, die etwa einen Meter im Boden vergraben sind, sitzt das neue Haus auf quadratischen Gitterkörben. Diese hat Wolfgang mit Steinen gefüllt. »Sollte der Boden einmal nachgeben, muss ich nicht wieder mit alten Autotüren pfuschen, sondern kann dann mein Haus hydraulisch anheben und einen etwas höheren Steinkorb drunterschieben.« Im praktischen Denken hat er Erfahrung. Auch die 30 Jahre alten Dielenbretter aus der Post sollen wiederverwendet werden. Den Splitt holt er sich mit Eimern von einem verwaisten Steinhaufen zwei Kilometer vor dem Ort. Und so trägt er sich auch diesmal sein Baumaterial aus dem zusammen, was Ruby so zu bieten hat.

Obwohl am Yukon viel gejagt wird, akzeptiert Wolfgang das Schießen nicht als Sport. »Die andere Seite hat kein Gewehr. Der Bär oder der Elch haben keine

Möglichkeit, sich zu verteidigen. Das ist einfach nur Mord, vorsätzliches Töten.« Besonders die Jäger, die Tiere schießen, obwohl sie sie gar nicht verwerten wollen, kann Wolfgang nicht verstehen. Er selbst habe nur einmal einen Wolf erschießen müssen, ein schlimmer Moment in seinem Leben. Immerhin stammt sein Hund Thorak unmittelbar vom Wolf ab. Er könne sich noch genau an den Blick des sterbenden Tiers erinnern. »Als hätte mir Thorak in die Augen gesehen«, murmelt er. Er bestätigt, was wir schon bei Casey und Shelley erfahren haben: »Wir brauchen vor diesen Tieren keine Angst zu haben. Einen toten Menschen irgendwo im Wald, ja, den fressen die Wölfe, aber einen lebenden Menschen würden sie nie angreifen.« Dass die Wölfe heutzutage vom Flugzeug aus abgeknallt werden, sei absurd. »Wozu? Überall, wo der Mensch in die Natur eingreift, verlieren wir die Balance. Daraus kann man doch mal lernen.«

Wenn Wolfgang jagt, dann um zu essen. Er baut sich sein Gemüse im Garten an und versucht von dem bisschen zu leben, was das Land hergibt. Und das ist nicht eben viel in Alaska. Die Sommer sind kurz, die Winter kalt und dunkel. Der moderne Mensch aber misst das allenfalls noch in Heizperioden und damit nach wirtschaftlichen Gesichtspunkten. Dieses materielle Denken lässt uns von der Natur abrücken. Der Trapper sieht nicht mehr das Tier, sondern nur noch das Fell und den finanziellen Gewinn. Und dann optimiert er im wirtschaftlichen Sinne. »Das Denken der Menschen geht in die falsche Richtung. Wir müssen zur Natur zurückkehren, sie wieder als einen Teil von uns achten«, mahnt er. »Alles hat dort seine Berechtigung und seinen Platz. Wenn wir so weitermachen, dann wird es immer schlimmer werden. Wir sind zu selbstsüchtig, jeder denkt nur an sich. Wir sprechen immer von Fortschritt, aber eigentlich entwickeln wir uns zurück. Die große Wahrheit des Lebens ist Einfachheit, darin liegt die eigentliche Freiheit!«

LOGBUCH MARIO 14

17.08.2014 | RUBY | 64°44'28"N 155°29'19"W

Ein Leben in Harmonie mit der Natur – für Wolfgang ist das der wahre Reichtum. So wie Morgan hat auch Wolfgang seinen inneren Frieden mit sich und der Welt gemacht. Ist das die Freiheit, nach der auch ich schon mein ganzes Leben lang suche? Oft wünsche ich mir, es würde ein Fleckchen Erde auftauchen, das mich hält, und das ständige Suchen würde ein Ende nehmen. Morgan und

LINKS | Obwohl Wolfgang ein Jäger ist und sein Leben lang gejagt hat, um genug Fleisch zum Essen zu haben, respektiert er das Dasein der Tiere. Es ist nicht leicht, als Vegetarier im eiskalten Norden zu überleben.

UNTEN | Wir sitzen an einem Aussichtspunkt, von dem aus man den Yukon überblickt. Wolfgang hat immer eine kleine Geschichte parat. Über die Leute, ihr Jägerlatein, wer gerade wie viel Fisch gefangen hat, und natürlich jede Menge Storys von früher.

OBEN | Wolfgangs Lieblingsplatz. Von hier aus hat er einen guten Blick über das Dorf, die Wälder, die Berge und den Fluss. In Ruby, Alaska, ist Wolfgang zu Hause. Hier wird er den Rest seines Lebens verbringen.

RECHTS | Ein selbstgeschnitztes Mammut geht mit uns auf die Reise in Richtung Beringsee. Eine Erinnerung an Wolfgang, jenen außergewöhnlichen Abenteurer, der es geschafft hat, seine ganz persönliche Freiheit zu finden.

Wolfgang haben mir gezeigt, dass dies möglich ist. Mein ganzes Leben wurde ich bereits rastlos von einer unsichtbaren Macht getrieben, doch Freiheit entsteht im Kopf, und so bleibt die Hoffnung, dass auch ich mich irgendwann niederlassen werde. Wenn ich ein Ziel habe, dann dieses: Ich will über mein Leben später einmal genau so ein Resümee ziehen können wie Wolfgang.

Zur Erinnerung an Wolfgang, den wir vermutlich nie wiedersehen werden, kaufen wir ihm ganz privat ein selbstgeschnitztes Mammut ab. Das Tier, das für ihn zu einem Symbol geworden ist wie zuvor schon der Wolf. Die Figur des Mammuts hat Wolfgang aus einem Walknochen herausgearbeitet, der ist stabil und behält seine Form. Die Stoßzähne sind aus Mammutelfenbein geschnitzt. Wir bleiben schließlich vier Tage in Ruby, die wir fast ausschließlich mit Wolfgang verbringen. Er erzählt aus seinem Leben und führt uns in die umliegenden Wälder. Wie einst die Indianer schaut Wolfgang oben am Blaff auf seinen Yukon hinaus. Das Gewehr am Oberschenkel angelehnt, lässt er seinen Blick schweifen über diese unbekümmert und unaufhaltsam fließende Lebensader, die ihn in ihren Bann gezogen hat. 50 Kilometer weit bringt er uns über einen besseren Waldweg mit seinem alten Jeep in die Wildnis hinein – an dessen Ende stoßen wir auf eine verlassene Goldmine. Einsam stehen die verrosteten Förderanlagen und Bagger in der Landschaft, die sich mittlerweile ihr Revier zurückerobert. Einst hierhergebracht, um Wohlstand und Reichtum zutage zu bringen, sind es heute nur noch Zeitzeugen der Vergangenheit. Der Mensch ist gegangen, aber er hat nicht aufgeräumt und hat wie so oft seine tiefen Spuren hinterlassen. Bäume sind dazwischen emporgeschossen, hoch steht das Gras. Was hätten diese stummen Mitwisser einer vergangenen Zeit, die hier einfach in der Wildnis stehengelassen wurden, alles zu erzählen. Gern wüsste ich auch diese Geschichte. Wolfgang aber läuft auf dem Gelände herum, und mit der Zeit wird der 78-jährige Abenteurer immer stiller. Schließlich schaut er mich enttäuscht an und sagt: »Wir haben heute auf der ganzen Strecke kein einziges Tier gesehen. Nicht einmal ein Rebhuhn. Das gab es noch nie.«

LOGBUCH RAMONA 12

17.08.2014 | RUBY | 64°44'28"N 155°29'19"W

Bei Wolfgang haben wir zum ersten Mal Bärenfleisch gegessen, obwohl wir aus Überzeugung eigentlich kein Fleisch essen. Aber in diesem Fall war es okay. Und auch wirklich lecker. Wolfgang vertritt in seinem Buch die Meinung, dass sich das Tier nur dem Jäger ergibt, der es auch verdient hat – das hat mir gut gefallen. Er wollte mit uns Rebhühner jagen. Vier, fünf Stunden waren wir unterwegs, und kein einziges Rebhuhn war zu sehen. Da sagte ich zu Wolfgang: »Hey, das Tier ergibt sich dem, der es verdient, wir brauchen das heute nicht, um zu essen.« Wolfgang war trotzdem sehr enttäuscht.

Wir hatten eine wirklich gute Zeit mit ihm, lustig und interessant. Als wir uns von ihm verabschiedeten, wussten wir, dass wir uns wahrscheinlich nicht mehr wiedersehen werden. Irgendwie spürt man das, auf beiden Seiten. Als wir dann runter zum Floß kamen, saß Sunny auf Deck und heulte wie ein Wolf. Das hat sie zuvor noch nie gemacht und seitdem auch niemals wieder, obwohl ich mehrmals versucht habe, sie dazu zu animieren. Das war wieder einer dieser magischen Momente, der mich daran erinnert, dass wir bis jetzt immer Glück hatten, auch in extremen Situationen.

ABOUT EARL

»Du wirst, woran du denkst.«

EARL NIGHTINGALE

Unser Motor macht nun regelmäßig Probleme. Natürlich wissen wir, dass er ein launiger Geselle ist, aber mittlerweile geht er einfach aus, wie es ihm gefällt. Wir wechseln erneut die Zündkerzen, dann springt er vielleicht wieder an, vielleicht auch nicht. Damit mausert er sich zu einer Konstante der Unsicherheit in unserem Zeitplan. Immerhin wollen wir, auch wenn es aussichtslos erscheinen mag, dem nahenden Winter davonfahren. Der Sommer geht hier im Norden fließend in den Winter über, der Herbst hält nur ein kurzes Gastspiel. Ende August ist der Sommer normalerweise vorbei, dann fegen die schweren Herbststürme von der Beringsee übers Land. Wir haben kein Hochseeboot, und wenn man den Einheimischen glaubt – und das sollten wir –, dann wird der Yukon bald unendlich breit sein und mit zwei Meter hohen Wellen die Weiterfahrt unmöglich machen. Vielleicht haben wir aber auch einfach Glück, und die Stürme und die Kälte lassen noch etwas auf sich warten.

Manchmal wünschte ich, es gäbe keine Zeitpläne. Es geht viel Energie damit verloren, sie möglichst einzuhalten, und man schleppt ein ganzes Bündel ängstlicher Gedanken mit sich herum, was wohl werden wird, wenn man es nicht schafft. Dabei vergisst man leider viel zu oft, den Moment hier und jetzt zu genießen. Ein Punkt, in dem mir Ramona zweifelsfrei voraus ist: Sie sitzt oft vorn auf dem Floß, schaut in die endlose Weite der Wälder und träumt vor sich hin.

Unsere erste Station im Land der Inuit heißt Kaltag. Es regnet Bindfäden, als wir uns mit dem Floß und einem unschön schleifenden Motorengeräusch ans Ufer des kleinen Dörfchens herandrücken. In dem Moment, als Patrick mit den Leinen an Land springt, verlässt uns der Motor endgültig. Er geht einfach aus, und jeglicher Versuch, ihm wieder einen Laut zu entlocken, schlägt fehl. Alles, was bisher immer noch irgendwie geholfen hat, funktioniert nicht mehr. Aber: Alleine der Umstand, dass der Motor gerade hier seinen Geist aufgibt, könnte glücklicher nicht sein. Hunderte Kilometer um uns herum gibt es keine andere nennenswerte Ortschaft. Es wäre ungleich schwieriger für uns geworden, wäre der Motor irgendwo im Nirgendwo kaputtgegangen. Hier haben wir zumindest Anschluss an eine Versorgungsquelle und können auf Hilfe zählen.

Bei meinem ersten kurzen Ausflug in das Örtchen entdecke ich doch tatsächlich direkt ein Boot, welches weit aus dem Wasser an Land gezogen wurde und, ob-

LINKS | Kaltag nach einem Regenschauer. Einfache und unbefestigte Pfade schlängeln sich durch das kleine Dorf. Die einzige Möglichkeit, hier herauszukommen, sind Boote und Buschflieger.

UNTEN | In Kaltag quittiert unser Motor seinen Dienst – eine Katastrophe. Aber dank eines findigen Mechanikers namens Earl können wir den Fehler zwei Tage später wieder reparieren.

OBEN | Während in der Nähe der Beringsee die Robbenjagd das Leben der Inuit bestimmt, ist es hier am Yukon hauptsächlich das Fischen. Wie wir erfahren, hat die Regierung für ein paar Tage den Fischfang freigegeben.

RECHTS | Earls Zauberhände machen sich an unserem Motor zu schaffen. Zwei Tage braucht er letztendlich, um dem Zweitakter wieder Leben einzuhauchen.

wohl für Fischerboote unüblich, mit einem Mercury-Heckmotor ausgerüstet ist. Leicht euphorisiert schaue ich mir den kleinen Bruder unseres Motors an und diagnostiziere Baugleichheit. Dort drin steckt unser Ersatzteil! Was auch immer das Problem ist, wir werden es lösen können. Nur muss ich dafür erstens einen Mechaniker finden, der von solchen Problemlösungen Ahnung hat, und zweitens natürlich den Besitzer des Fischerbootes überzeugen, uns seinen Motor als Ersatzteilspender zur Verfügung zu stellen. Glücklicherweise dürfte es in einem Ort mit knapp 200 Einwohnern nicht allzu lange dauern, bis ich weiß, ob die entsprechenden Personen hier aufzutreiben sind.

Kaltag ist ein einfaches Inuit-Fischerdorf. Zwischen den Holzhäusern schlängeln sich Straßen voller Schlaglöcher, in denen das Wasser steht. Mechaniker sind an solchen Plätzen rar gesät. Umso mehr freut es mich zu hören, dass es hier einen geben soll, und einen guten noch dazu. Sein Name sei Earl und mit seiner Rückkehr gegen Abend zu rechnen. Man werde ihn zu uns schicken, sobald er auftaucht. Ich hoffe das Beste, denn zum Glück habe ich mich noch nie damit aufgehalten, das Wetter als Omen zu deuten. Wer weiß, was es bedeuten könnte, dass genau jetzt dunkle Wolken aufziehen und ein böiger Wind Regen über den Fluss treibt. Wir haben die Rainboweagle mit einer zusätzlichen Plane geschützt. Somit können wir halbwegs trocken auf dem hinteren Außendeck sitzen und der weiteren Dinge harren. Wind und Regen peitschen gegen unser provisorisches Dach.

Kurz vor Sonnenuntergang reißt die Wolkendecke dann plötzlich auf, und die Sonnenstrahlen zaubern einen doppelten Regenbogen in den Abendhimmel. Er beugt sich über den Yukon, und unser Floß schimmert in der abendlichen Sonne. Vielleicht muss ich mein Resümee revidieren: Vielleicht ist das Wetter tatsächlich mit unserem Schicksal verbunden. Denn kurz bevor die Sonne am Horizont abtaucht und die Nacht wieder für ein paar Stunden hereinbricht, steht Earl vor uns. Ernst, aber mit einer gewissen Wärme im Blick erwartet uns der Mittvierziger im typischen Overall am Ufer. Ihm sei berichtet worden, dass wir Hilfe brauchen. Earl wirkt aufgeräumt und konzentriert. Er bietet uns an, gleich morgen früh nach unserem Mercury zu schauen. Heute könne er nichts mehr tun, er war den ganzen Tag unterwegs und zu Hause gäbe es auch noch Arbeit. Eine klare Ansage, und wir haben ohnehin keine Wahl. Dennoch steigen während der unruhigen Nacht wieder leise Zweifel in mir empor. Seit Stunden regnet es, draußen bellt sich ein Hund die Seele aus dem Leib, und es sind noch 800 Kilometer bis zur Beringsee, aber wir sitzen erst mal fest.

Wie versprochen steht Earl am nächsten Morgen Punkt neun Uhr vor dem Floß. Er schraubt ein paar Stunden am Motor herum, wechselt die Zündkerzen und schaut nach den Kontakten, alles Handgriffe, die ich mittlerweile gut kenne. Normalerweise müsste er laufen, stellt Earl für sich verwundert fest. Für einen kurzen Moment wirkt er ratlos, doch dann sagt er: »Ich muss nachdenken und einiges nachlesen.« Bei dem Stichwort »lesen« fällt mir das dicke Werkstatthandbuch ein, welches ich mir in Vancouver besorgt habe. Earl staunt kurz, schnappt sich das Buch und verschwindet wieder in Richtung seiner Hütte, die unweit des Ufers am Ortsrand steht. »Wir treffen uns morgen um acht bei mir zum Frühstück«, ruft er noch die Uferböschung herunter. Man sucht unwillkürlich nach Zeichen draußen in der Wildnis, stelle ich fest. Beim Floßbau war es der Weißkopfseeadler, der über uns und dem Lake Laberge kreiste und Zuversicht verhieß, und heute ist es vielleicht Earl mit seiner besonnenen Art, der uns retten kann. Meine ganzen Hoffnungen ruhen

UNTEN | Diesen Jungen treffen wir am Flussufer, als er gerade mit einem Fischernetz spielt. Die Kinder in den Dörfern am Yukon vertreiben sich ihre Zeit sehr oft am Wasser.

inzwischen auf diesem Mechaniker der Inuit, den ich insgeheim schon als den Auserwählten feiere. Während Patrick und Ramona am nächsten Morgen noch verschlafen unter unserer nassen Regenplane sitzen, klopfe ich keine Minute später als acht Uhr an Earls Tür, um mit ihm zu frühstücken und die Lage unseres Mercury zu besprechen.

Earl sitzt in seiner Küche an einem unaufgeräumten Holztisch, die Kaffeekanne röchelt vor sich hin, und es fällt ihm offensichtlich schwer, seinen Kopf von meinem Werkstatthandbuch zu lösen, in das er sich vertieft hat. Glücklicherweise gab es das Handbuch nur in englischer Sprache, mit der Earl natürlich viel besser zurechtkommt als ich. Schließlich raunt er mir unvermittelt zu: »Es könnte mit den Ohm zusammenhängen.« Und er setzt erklärend nach: »Es kommt nicht genügend Spannung aus dem Verteiler.« Ich bin wirklich kein besonders versierter Mechaniker und verstehe kein Wort. Earl wedelt nur mit dem Messgerät in seinen Händen, stöbert kurz interessiert weiter im Manual, nimmt noch einen kräftigen Schluck aus seinem verblassten Kaffeepott, steht auf und marschiert zum Floß. Es geht los. Earl ist kein Mann vieler Worte. »Die Stromspannung ist zu niedrig, liegt bestimmt an diesem Verteiler hier.« Er hält mir das Teil vor die Nase. Ein in Plastik gegossenes Artefakt menschlicher Ingenieurskunst – unmöglich, daran irgendetwas zu machen. Wir brauchen ein Ersatzteil. Earl kann es bestellen. Dauert ungefähr ein bis zwei Wochen.

Dann schaut er hinüber zu dem kleinen Boot mit dem Außenborder, das ich bereits bei unserer Ankunft inspiziert habe. »Hm … Das Boot dort gehört meinem Bruder und hat den gleichen Motor.« Als könne Earl meine Gedanken lesen. Verrückt, wie sich die Dinge manchmal fügen, denke ich kurz, als wir gemeinsam zu dem Boot laufen. Wortlos nimmt Earl den Deckel des Motors ab und hält unser kaputtes Teil neben das baugleiche des kleineren Mercury. »Das passt, sieht genauso aus. Würde funktionieren.« Er schaut auf den Yukon, überlegt kurz und sagt: »Wir können wenigstens einmal probieren, ob der Motor mit diesem Verteiler hier läuft.« Und während Earl schon an der ersten Schraube dreht, halte ich das für eine fabelhafte Idee. Schnell schraubt er den Motor seines Bruders auseinander, nimmt das Ersatzteil heraus, und eine halbe Stunde später hat er es bei uns wieder eingesetzt. Er baut alles zusammen, schaut noch einmal nachdenklich auf sein

Werk und nickt. »Na dann, lass uns probieren.« Vielleicht fünf oder sechs Mal zieht er am Starterkabel, bis der Motor wieder anspringt, und – er läuft rund! Kräftig dreht der Mercury Fifteen Horsepower hoch, als Earl kurz am Gas spielt, und tuckert gemütlich im Standgas vor sich hin. Während Earl zufrieden schweigt, springe ich vor Freude in die Höhe und umarme meinen Helden des Tages. Ach was, der ganzen Reise! Dabei habe ich total vergessen, dass das Ersatzteil seinem Bruder gehört und nur probeweise in unserem Motor steckt. Doch Earl ist selbst sehr zufrieden mit sich und bietet mir an, das Ersatzteil in Fairbanks zu bestellen und bei seinem Bruder einzubauen, während wir mit dem erfolgreich installierten Verteiler weiterfahren können. Sein Bruder bräuchte das Boot im Moment sowieso nicht. »Er wird es vielleicht gar nicht merken«, grinst Earl verschmitzt. Wieder mal zeigt sich deutlich, worauf es hier oben in der Wildnis ankommt: sich gegenseitig zu helfen, so gut es geht.

LOGBUCH MARIO 15

18.08.2014 | KALTAG | 64°19'46''N 158°43'26''W

Mit Motoren habe ich eigentlich nicht viel am Hut, und trotzdem fordern sie mich immer wieder heraus. Auf meiner Segelreise hatte ich eine besondere Bindung zu den beiden 27-PS-starken Yanmar-Motoren meines Katamarans aufgebaut. Weit draußen auf dem Meer kann ein gut funktionierender Motor entscheidend sein. Mithilfe des Werkstatthandbuchs gelang es mir, Teile der Motoren eigenständig zu zerlegen und wieder funktionstüchtig zusammenzubauen. Der alte Achtzylinder im Wasserwerfer hingegen hat es gut mit mir gemeint. Das robuste Dieselaggregat hat bislang immer ohne Murren durchgehalten, obgleich ich auch ihm manches abverlangt habe. Hier nun der Mercury, der kleinste von allen. Ich hätte keine Chance gehabt, den Fehler zu finden. Trotz Handbuch. Aber Earl hat's gerichtet, und damit wird diese Begegnung zu einem der Meilensteine unserer Reise.

»Sollte ich je an der Beringsee ankommen, dann schreibe ich dir eine Postkarte«, verspreche ich Earl zum Abschied. Ab heute heißt unser Motor nach seinem Retter und erinnert an den Mechaniker, ohne den unser Vorhaben, mit einem Floß den Yukon bis zur Beringsee hinunterzufahren, in einem kleinen Nest namens Kaltag höchstwahrscheinlich im Sand verlaufen wäre.

AM ENDE DER SEHNSUCHT

*»Unsere Sehnsüchte
sind unsere Möglichkeiten.«*

ROBERT BROWNING

Seit Kaltag lässt der Winter keinen Zweifel mehr an seinem Nahen, und das in großen Schritten. Die Sonne macht sich rar, es regnet oft und lang und kalt. Wie drei Ameisen auf geheimer Mission treiben wir auf einem Stück Holz im unaufhörlichen Fluss der Zeit und sind uns bewusst, dass wir Winzlinge in dieser Weite sind. Die Weite selbst scheint uns unfassbar. Noch liegen über 700 Kilometer vor uns. Wir wissen nicht, was uns auf diesem letzten Viertel unserer Floßreise noch alles erwartet, sind aber ausgesprochen guter Dinge. Wir sind heil aus den tückischen Yukon Flats gekommen, haben unsere persönliche Krise überwunden und unseren alten Mercury Fifteen Horsepower zu einem neuen Earl aufgerüstet, der munter wie eine Raubkatze schnurrt. Hinzu kommt, dass wir den Yukon inzwischen viel besser kennen und ein eingespieltes Team sind. Auch unser Floß macht trotz mancher Macken nicht den Eindruck, als würde es froh darüber sein, an der Beringsee endlich Feierabend machen zu dürfen. Ohne Motor dreht es sich zwar wie ein Kreisel in der Strömung des Flusses und treibt nach Belieben dahin. Aber der Earl hält das Floß nicht nur auf Kurs, er liefert auch zusätzlich einigen Vortrieb, der uns mit Blick auf unseren Etappenplan zupasskommt. Eine etwa 80 Zentimeter messende Verlängerung am Griff des Motors riss bereits kurz nach unserer Abfahrt am Lake Laberge ab. Unsere Reparatur fiel ganz nach Mac-Gyver-Art aus: zwei Äste und einige Bahnen Klebeband. Das war vor über 2000 Kilometern, und die Konstruktion hält immer noch. Und nicht zuletzt: Schon an den ersten Tagen unserer Reise hatten wir einen Sonnenschutz auf dem hinteren Außendeck konstruiert, der uns jetzt ebenso zuverlässig vor dem Regen schützt.

Es beginnt, neblig zu werden, und der Wind pfeift kalt über den mittlerweile gigantisch breiten Fluss. Über zwei Kilometer dürften zwischen den beiden Ufern liegen. Längst steht uns, wenn auch nur als kleiner Vorgeschmack, vor Augen, wovor uns die Einheimischen gewarnt haben: Je näher wir der See kommen und je mehr der Yukon an Breite zulegt, umso kräftiger bläst der Wind. Einmal stand uns so ein straffes Lüftchen vor dem Bug, dass wir tatsächlich zum Stillstand kamen. Nicht einen Meter bewegte sich das Floß, während die Strömung an uns vorbeizog. Obwohl wir uns bemüht haben, mit unserem Aufbau dem Wind nur wenig Angriffsfläche zu bieten, reichte der minimale Widerstand, um das Floß zu stoppen. Und das ist noch gar nichts. Man hat uns erzählt, dass manche Kanuten

LINKS | Angekommen. Mein Blick schweift über die Beringsee zum Horizont. Irgendwo dort hinten muss Russland liegen. Trotzdem fühle ich, dass es nur eine Frage der Zeit ist, bis mich eine neue Sehnsucht packt.

UNTEN | Während wir in dicke Winterjacken gehüllt sind, springen die Kinder in leichter Kleidung bei null Grad am Ufer herum – man kann sich offensichtlich auch an diese extremen Temperaturen gewöhnen.

RECHTS | Sechs Uhr morgens. Noch 50 Kilometer bis Emmonak. Nach einer schlaflosen Nacht sind wir sehr früh aus den Betten gekrochen. Es ist inzwischen kalt geworden. Die Nachtfröste haben Reif über das Dach des Floßes gezogen. Zeit, anzukommen.

UNTEN | Unser Floß ist ein gemütliches schwimmendes Häuschen. Über zwei Monate haben wir dort gelebt und die unendliche Weite Alaskas erfahren. Was braucht man mehr?

trotz der flachen Pfeilform ihrer Gefährte vom Wind entgegen der Strömung flussaufwärts gedrückt wurden.

Unser letzter Halt im Land der Indianer – die Begegnung mit Earl lag noch vor uns – führte uns für eine Nacht in eine schwer zugängliche Bucht mit dem bezeichnenden Namen Last Chance. Sie heißt so, weil sich hier die letzte Möglichkeit flussabwärts bietet, den Bedarf an Alkohol abzudecken. Gleich danach beginnt das Gebiet der Inuit, wo Alkohol nicht zum Verkauf steht – ein Verbot, für das sich die Inuit selbst ausgesprochen haben. Eine sehr weise Entscheidung, denn auch wir haben nicht erst in Manitoba gesehen, was das Feuerwasser bei den indigenen Völkern anrichtet. Was es überhaupt bei allen Menschen anrichten kann. Die Inuit scheinen dabei ein ganz anderer Menschenschlag. Sie wirken auf mich geschäftiger und nicht so verträumt. Für uns Europäer mag sich das vertrauter anfühlen, aber darum erinnert es mich auch unangenehm an das, wovon wir uns bei unserer Reise absetzen wollen: die Hektik des Durchorganisierens, das perfekte Funktionieren und die letztlich unerfüllbare Zielvorgabe, fehlerfrei durchs Leben zu gehen, die sich mit der westlichen Zivilisation verbindet.

Der August neigt sich seinem Ende zu, und das Wetter schlägt zusehends Kapriolen. Kurz bevor wir Mountain Village erreichen, kommt der erste schwere Sturm hereingezogen. Der Wind peitscht über den Fluss, weiße Schaumkronen deuten auf raues Wasser hin. Wir halten uns nah am Ufer, und so gelingt es uns, gerade noch rechtzeitig anzulegen, bevor wir mit unserem Floß zum Spielball des Yukon werden. Unsere Konstruktion taugt am besten auf glattem Wasser, bei Seegang hat sie sich nicht sonderlich bewährt. Wir schaukeln uns zu schnell auf. Die kurzen, steilen Wellen lassen unser Floß die Haftung verlieren, und wenn der Motor in der Luft hängt, ist es unmöglich zu steuern. Zudem bin ich mir nicht sicher, wie viel die Halterungen unserer Schläuche aushalten. Sie sind nur aufgeklebt, und bei Seegang kommt starke Spannung auf die Gurte, die unsere Schwimmkörper mit dem Floß verbinden. Wenn diese Halterungen wegreißen, sinken wir schneller, als wir »Yukon« sagen können. Je mehr ich jetzt darüber nachsinne, umso wackliger kommt mir die ganze Floßkonstruktion auf einmal vor. Selbst die einheimischen Fischer lassen bei diesen Wetterverhältnissen ihre starken Aluminiumboote am Ufer liegen. Bis zu zwei Meter hoch können die Wellen auf dem

Fluss werden, wer mag da schon gern die Angel ins Wasser halten? Drei Tage sitzen wir am unruhigen Ufer von Mountain Village fest und beobachten den Wasserstand, der inzwischen spürbar schwankt, bis zu einem Meter Tidenhub. Die Gezeiten wirken sich vergleichsweise weit ins Landesinnere hinein auf den Fluss aus, und bei Sturm zwingt das Meer dem Yukon seinen Willen auf. Wir wissen aber auch, dass wir nur noch zwei Tagesreisen von Emmonak entfernt sind und dass dann nur noch ein paar Steinwürfe bis zur Beringsee vor uns liegen.

Als der Wind am vierten Tag etwas nachlässt, machen wir die Leinen los und schaffen es unter dem Schutz des 30-Miles-Channel bis zu unserem nächsten sicheren Liegeplatz. Ein Biber vertreibt sich neben uns die Zeit mit ausgelassenem Badespaß. Er klatscht mit seiner Schwanzflosse aufs Wasser, zum Zeichen, dass wir in seinem Revier sind. Die untergehende Sonne wirft ein versöhnliches Licht auf unser Floß, und müde kriechen wir am Abend in unsere Schlafsäcke. 60 Tage sind wir mittlerweile auf dem Yukon unterwegs. Von diesem Seitenarm aus liegt Emmonak nun in Schlagdistanz. Und dafür wird es auch Zeit. Die kalte Nacht beschert uns den ersten Frost, der sich draußen am Floßdach festkrallt und alles mit einer dünnen Eisschicht überzieht. Ein Vorbote der menschenfeindlichen Witterungsverhältnisse, die hier in Kürze die Herrschaft an sich reißen werden.

Wir stehen sehr früh auf an diesem eiskalten Morgen, den aufzuwärmen die Sonne bisher noch nicht schaffen konnte. Am Horizont ziehen dunkle Wolken auf,

OBEN | Ein sonnenklarer Tag für unseren Zieleinlauf. Die Rainboweagle liegt an der letzten Insel, bevor es hinaus auf die Beringsee geht. Für die Nacht suchen wir uns einen kleinen, geschützten Seitenarm, teilen das letzte Bier, und die ersten Nordlichter des Jahres tanzen am Himmel.

RECHTS | Die Glocke läutet das Ende der Reise ein, unserer Reise zurück ins einfache Leben – was wir von Anfang an gesucht haben, scheint Wirklichkeit geworden.

aber heute vertraue ich auf den Wetterbericht, der uns sonniges Wetter und wenig Wind versprochen hat. Wir machen die Leinen los, und unser Motor, der jetzt nur noch mit »Earl« angesprochen wird, schiebt das Floß durch den leichten Morgennebel, der sich über den Fluss gelegt hat. Es wird tatsächlich ein traumhafter Tag. Ich stehe am Steuer und blinzle in die Sonne, die langsam über dem Horizont aufsteigt und endlich auch demonstriert, wozu sie nach wie vor fähig ist. Wohltuende Wärme legt sich auf uns und das glitzernde Wasser. Nun baut sich der Yukon noch einmal mit seiner scheinbar unendlichen Fläche wie ein Spiegel unter uns auf – wie damals, als wir auf dem Lake Laberge losfuhren. Es ist fast ein bisschen zu schön, um wahr zu sein, aber da sind wir nun, Ramona, Patrick, ich und Sunny, und fahren vor einer meteorologischen Traumkulisse dem Ort entgegen, den wir seit Monaten zu erreichen wünschen. Ich schaue über den Yukon und fühle mich in diesem Moment wie auf dem offenen Meer. Das Wasser verschmilzt in der Ferne mit dem Himmel, und wir alle sind mehr als zufrieden. Das Floß hat gehalten und unsere Freundschaft auch.

Doch gerade als ich beginne, langsam zu glauben, dass unser Traum tatsächlich Wirklichkeit werden könnte, laufen wir auf Grund. Ist das die Möglichkeit? Wir stehen nur wenige Stunden vor Emmonak auf einer Sandbank, nichts bewegt sich mehr. Während ich wie angestemmt am Steuerknüppel verharre, schwingt sich Patrick unerschrocken ins kalte Yukon-Wasser. Kurze Zeit später gelingt es

uns, nicht ohne den Earl, das Floß wieder flottzumachen. Vielleicht ein kleiner Denkzettel von Papa Yukon, der uns sagen will: »Immer schön die Augen offen halten, bis zum Schluss.« Ich halte mich nun permanent verhältnismäßig nahe am Ufer. Der Yukon wirkt gigantisch, er fließt dem Horizont entgegen, der sich farblich perfekt in dieses Schauspiel einreiht. Was für ein magischer Nachmittag!

Ein größeres Fischerboot hat in Emmonak am Pier festgemacht und Thunfisch wird entladen, es sind nur noch wenige Meilen bis zum Beringmeer. Ich überlege, am gegenüberliegenden Ufer festzumachen und dort unsere Ankunft erst einmal zu genießen. Denn wenn wir direkt am Pier des Ortes anlegen, werden wir nicht so schnell zur Ruhe kommen. Während ich frohen Mutes schnurgerade auf einen möglichen Anlegeplatz zusteuere, kratzen wir erneut auf dem Grund des Yukon. Das kann doch nicht wahr sein! Wir sind wieder aufgelaufen. Fluchend reihe ich alle Schimpfwörter aneinander, die mir auf die Schnelle einfallen. Als ich aber hinüber zum Ufer schaue, an dem wir gerade anlegen wollten, fange ich an zu lachen: »Ich hätte es auch wissen müssen: Dort drüben stehen die Möwen im Wasser.«

Nun sitzen wir drei lachend auf dem Dach des Floßes, Ramona holt die letzten Büchsen Bier aus einer Ecke der Kabine und stellt sie neben uns. Auch wenn bei Ramona die Küche nicht immer geöffnet hat, mit ihren kleinen Überraschungen hat sie uns oft den Tag gerettet. Aber diesmal zögere ich. Jeder hat noch genau ein

YUKONTIME

Bier, diese drei Büchsen liegen seit Wochen bei uns an Bord. Ramona und Patrick entscheiden sich, ihr Bier jetzt zu trinken, es ist geschafft, meinen sie. Doch noch sind wir nicht am Meer. Ich beschließe, meine Büchse aufzuheben. »Die trinke ich, wenn wir wirklich am Ziel sind.« Eine gute Stunde verbringen wir auf unserem festgefahrenen Floß, sichtlich zufrieden auf unserer Untiefe. Dann blicken wir entspannt hinüber nach Emmonak und raffen uns wieder auf. Die paar Meter schaffen wir auch noch.

Noch am selben Abend zieht der nächste Sturm auf, der Wind kommt aus Südwest, vom Beringmeer herüber. Wieder sitzen wir drei Tage fest, bevor wir dann endlich die letzten Kilometer unseres Abenteuers in Angriff nehmen können. Dann liegt es auf einmal vor uns, das Meer. Der Sturm hat sich verzogen, und wieder ist das Wetter auf unserer Seite. Wir fahren in den letzten, schmalen Seitenarm des Flusses ein, der uns gerade noch ausreichend vor dem harten Wellengang schützen kann. Eine Nacht wollen wir hier draußen bleiben, es wird unsere letzte Nacht auf dem Fluss sein. Wir machen fest, laufen auf dem kargen Grasland herum und setzen uns ans Ufer der Beringsee. Mein Blick sucht den Horizont ab. Irgendwo dort hinten liegt Russland. Eigentlich der kürzeste Weg nach Hause. Noch während ich die letzte Kerbe für den 64. Flusstag in die Wand der Kabine schnitze, geht die Sonne im Meer unter. Mit einer alten Glocke, die wir in Circle von zwei Abenteurern geschenkt bekommen haben, schicken wir ein paar helle Töne hinaus aufs Meer, und wir teilen schließlich das letzte Bier auf drei kleine Gläser auf. Als wäre das alles noch nicht genug, taucht kurz nach Mitternacht die erste Aurora borealis über dem nördlichen Himmel auf. Munter schickt das Nordlicht seine leuchtenden Farben zu uns herüber. Nun bedarf es keiner großen Worte mehr. Es ist geschafft. Wir sind angekommen.

LINKS OBEN | Die Beringsee zeigt sich von ihrer besten Seite. Die Sonne blinzelt uns entgegen und lässt uns vergessen, dass dort draußen schwerste Stürme die See aufwühlen können.

LINKS UNTEN | 64 Tage waren wir auf dem Yukon unterwegs. Ein großes Abenteuer neigt sich seinem Ende entgegen. Das goldene Sonnenlicht lässt uns die klirrende Kälte fast vergessen.

LOGBUCH RAMONA 14

03.09.2014 | BERINGSEE | 62°49'16"N 164°51'34"W

Kaum hatten wir den Anker geworfen, wurde mir klar, dass diese Reise bald zu Ende sein wird. Und wie zum Zeichen der sich langsam anschleichenden Zivilisation kommt ein kleines Boot auf uns zugefahren.

»Hey, Mario!« Ich traue meinen Ohren nicht. Und wieder ruft es laut: »Mario!« Jemand winkt eifrig von einem Boot herüber – Dirk Rohrbach. Mario und Dirk kennen sich aus Deutschland. Dirk hat den Yukon auf voller Länge mit einem Birkenrindenkanu befahren. Er habe von unserer Reise gehört, sagt er: »Als wir hier rumgefahren sind und das Floß gesehen haben, wussten wir, das kann nur der Gold-

RECHTS | Unser Floß im Trockendock. Wir überlassen es einem jungen Fischer, der uns von der Beringsee zurück nach Emmonak geschleppt hat. Gegen die starke Strömung des Flusses wären wir alleine nicht angekommen.

UNTEN | Ron ist kein Inuit, trotzdem lebt er seit Jahren etwa zehn Kilometer von Emmonak flussaufwärts als Fischer. In seine Hände wandert unser geliebter und gehasster Motor (mit dem Spitznamen Earl).

stein sein!« Ich habe Tränen gelacht. So etwas erwartest du doch im Leben nicht! Aber das passt nur ins Bild. Nichts von dem, was du erwartest, tritt auch so ein. Die besten Momente kommen völlig unerwartet.

Am nächsten Tag sind wir wieder in Emmonak. Wir haben uns von einem der Fischerboote stromaufwärts ziehen lassen, denn gegen die starke Strömung des Flusses kommen wir mit dem Earl nicht an. Ab jetzt also beginnt unsere Heimreise. Schon am Folgetag zerren wir die Rainboweagle mithilfe eines Pick-ups aus dem Wasser. Während wir noch unsere Schläuche demontieren, gehen bereits die ersten Sachen an neugierige Einheimische. Unsere Solaranlage beispielsweise ersteht ein Elektriker, um in seiner Hütte autark Strom erzeugen zu können. Das Kanu schnappt sich ein Vater, der damit seine Kinder überraschen will. Und auch für unseren tapferen Earl gibt es schnell einen Interessenten. Der Fischer mit seinem geflochtenen Vollbart hat bereits das zweite Mal neben uns angelegt. Er kommt nur zum Einkaufen ins Dorf, sein Camp, wo er mit seiner Frau lebt, liegt flussaufwärts, ein paar Meilen von hier entfernt. Ron, so heißt er, ist erst vor ein paar Jahren hierhergezogen. Er zeigt in die Richtung, aus der wir gerade kamen, dann mustert er mich und fragt: »Braucht ihr den Motor noch?«

Ich schaue Ron an, und unmittelbar schweift mein Blick zu unserem alten Earl hinüber. Er hängt immer noch in der Halterung, die wir am Heck des Floßes verschraubt haben. Will ich diesen zähen Zeitgenossen wirklich hergeben? Ich überlege kurz und versuche, Zeit zum Nachdenken zu gewinnen. »Wofür brauchst du ihn denn?«, schicke ich erst mal eine Gegenfrage vor. »Na ja«, sagt Ron. »Er ist schön handlich. Ich habe noch ein kleines Holzboot neben dem Haus liegen, da würde er gut passen.« Es war ja ohnehin klar, dass wir einiges in Emmonak zurücklassen würden – und was könnte es Schöneres geben, als dass unser Earl auf dem Yukon bliebe. Dort, wo wir uns mit ihm gemeinsam über mehr als 3000 Kilometer durch die Wildnis gekämpft haben. Wir haben uns viel miteinander beschäftigt und nie voneinander gelassen. In wenigen Tagen fliegen wir nach Anchorage. Es ist ein gutes Gefühl, den Earl hier am Fluss zu lassen, in der Wildnis, die uns so viel Freiheit geschenkt hat. Also geht der Earl an Ron, den Fischer.

LOGBUCH MARIO 16

06.09.2014 | EMMONAK | 62°46'31''N 164°31'36''W

Das Leben hier oben im Norden ist hart, weit weg von dem, was wir moderne Zivilisation nennen. Die wilde Natur Nordamerikas und die Menschen, die mit dieser absoluten Ursprünglichkeit leben, entlassen mich voller Demut und Hoffnung. Die Stille der Wildnis hat mich verändert. Oft war es so ruhig, dass ich es nur schwer ertragen konnte. Doch dann begriff ich, dass ich diese Stille brauche, um in mich selbst hineinzuhorchen. Meine Wahrnehmung hat sich verschoben. Weg vom Leben nach der Uhr, hin zum Rhythmus der Natur. Spätestens in den Yukon Flats ist mir klargeworden, was es heißt, wie ein Treibholz dem Fluss der Zeit zu folgen, ein Nichts in der unendlichen Weite dieser Landschaft zu sein. Es ist heute vielleicht noch ein bisschen früh für ein Resümee, aber wenn ich unsere Reise Revue passieren lasse, dann kann ich zumindest sagen, dass mit der inneren Veränderung auch meine Sehnsucht nach Wildnis gestillt ist. Vorerst. Ich kenne mich. Es braucht Mut, sich dem absichtslosen Handeln der Natur hinzugeben. Wenn man jedoch diesen Mut aufbringt, wird man reich belohnt.

Obwohl wir viele der Sachen, die wir extra für dieses Abenteuer angeschafft hatten, in Emmonak losgeworden sind, lassen wir letztlich eine Palette mit 415 Kilogramm Gewicht nach Anchorage fliegen. Unser Floß bleibt auf ein

RECHTS UNTEN | Am Ende der Reise zieht Ramona ihr Resümee: Sie wusste vorher nicht, wie sehr sie die Natur, das Draußensein, die Ruhe und die unverbrauchte Landschaft braucht.

FOLGENDE SEITEN | In Gedanken versunken am Beringmeer. Diese Reise hat unser aller Leben verändert. Wir sind überwältigt, den Yukon überwunden zu haben.

paar Stelzen am Ufer stehen, wir haben es dem Fischer versprochen, der uns vom Beringmeer zurück nach Emmonak gezogen hat. Doch noch steht es hier allein am Ufer des Yukon und wird sogleich von einer lärmenden Gruppe Kinder als Spielplatz in Beschlag genommen.

Drei Tage später stehen wir am Flughafen in Anchorage. Man stellt fest, dass unser Visum, welches wir am gelben Telefon von Eagle angemeldet haben, bereits drei Tage überzogen ist. Die Computer werden bemüht, aber schließlich ist ein verständnisvoller Grenzbeamter gnädig, beschließt, dass sie das Problem schon regeln werden, und winkt uns durch ins Land der Freiheit. Patrick wird direkt von Anchorage nach Hause fliegen. Holly taucht einen Tag später auf und holt mit uns die knappe halbe Tonne Gepäck von der Zollspedition ab. Dann binden wir das Elchgeweih oben aufs Fahrerhaus und machen uns auf den Weg nach Kanada.

Nach nur zwei Tagen straffer Fahrt stehen wir wieder am Lake Laberge, dem Startpunkt unserer Flussreise. An seinem Ufer soll man sehr gut Flöße bauen können, heißt es. Und wenn dabei ein Weißkopfseeadler am Himmel kreist, stehen die Chancen ausgesprochen gut, mit einem solchen Gefährt den mächtigen Strom bis zu seiner Mündung im US-Bundesstaat Alaska bereisen zu können. Sagt man. Aber wir sind nicht hier, um ein Floß zu bauen. Wir sind hier, um den Wasserwerfer aus Tracies Garten zu lenken und damit quer durchs Land des Ahorns bis nach Halifax in Nova Scotia zu fahren, wo Ramona und ich noch eine wunderschöne Zeit verbringen. Wir schlendern fotografierend durch das hübsche Städtchen Lunenburg. Kein Bär, kein Einsiedler, keine Elche. Es ist schon anders, wieder im menschlichen Habitat zurück zu sein. Die Wildnis wird mir fehlen. Anfang Oktober hebt dann unsere Maschine wie geplant nach Frankfurt ab, wo uns quasi als Trost ein Herbst erwartet, den uns Alaska und der Yukon vorenthalten haben. Mir kommt es vor, als würde der Film rückwärts gespielt, doch all die Begegnungen fehlen. Dann höre ich Holly feixen: »Ihr habt die Uhr, ich habe die Zeit.« Anfangs hielt ich das nur für einen Spruch, aber allmählich beginne ich, diesen Satz wirklich zu verstehen. Der Rhythmus der Natur, das ist unsere Zeit. Deine Zeit.

LOGBUCH RAMONA 15

09.09.2014 | EMMONAK | 62°46'31"N 164°31'36"W

Als Mario mich das erste Mal fragte, ob ich mir vorstellen könnte, mit ihm eine Abenteuerreise zu machen, habe ich sofort ja gesagt. Meine Gedanken schweiften damals an schneeweiße Sandstrände mit türkisblauem Wasser und Palmen voller Kokosnüsse. Als dann als Reiseziel Nordamerika aufkam, dachte ich zuerst an bitte-

re Kälte. Der Satz, den ich von einer Freundin hörte, als ich ihr davon erzählte, ging in eine ähnliche Richtung: »Was willst du in der Wildnis, dort gibt es doch nichts.« Rückblickend hatte sie vollkommen unrecht. Heute weiß ich, dass es dort alles gibt. Ich hatte vorher keine große Ahnung von der Welt dort draußen. Ich wusste nur, dass ich gerne im Garten sitze und gemütlich meinen Kaffee trinke.

Den tatsächlichen Wert dieser Reise für mich persönlich und wie wichtig mir diese Erfahrung sein würde, konnte ich damals noch nicht kennen. Erst auf der Reise wurde mir klar, wie sehr ich die Natur, das Draußensein, die Ruhe und diese unverbrauchte Landschaft für mein Wohlbefinden brauche. Andererseits haben wir auch viel Trauriges mitbekommen, große Waldflächen, die abgeholzt wurden zum Beispiel. Ich kann mich noch gut an das Tal der Rehe erinnern, wo wir unzählige dieser Tiere gesehen haben, wie sie ohne Scheu vor uns entlang des Weges im hohen Gras standen. Sie fühlten sich sicher an diesem Platz, der seit Jahrhunderten ihr Zuhause ist. Näherte ich mich, um hallo zu sagen und ein paar Fotos zu schießen, so schauten sie meist mit ihren neugierigen Kulleraugen zu mir herüber. Später erfuhren wir, dass dieses riesige Tal geflutet werden soll. Ein Staudamm wird dort entstehen, um die Bedürfnisse der Menschen nach noch mehr Energie zu befriedigen. Das ganze Tal wird gnadenlos vom Wasser verschluckt – die armen Rehe! Ich begann damals, mir ernsthaft Gedanken zu machen. Es gibt so viele Produkte auf dieser Welt, Dinge, die eigentlich keiner braucht. Und dafür opfern wir so Wichtiges. Wir Menschen scheinen uns verirrt zu haben. Zu weit haben wir uns von der Natur entfernt. Meine persönliche Erfahrung ist, dass es eine Rückkehr zu uns selbst bedeutet, wenn wir beginnen, wieder mehr in und mit der Natur zu leben. Ich habe mich schon immer nach Natur gesehnt, nur ist mir das vorher nie bewusst gewesen. Es ist mir auf dieser Reise gelungen, mit der Natur eins zu werden. Zweifelsfrei hat diese Sehnsucht in mir geschlummert, ich sehnte mich nach den Bäumen, dem Wasser, dem Regen und dem Wind. Sollte es uns Menschen gelingen, uns wieder enger mit der Natur zu verbinden, dann werden wir weniger zerstören, mehr verstehen und rücksichtsvoller handeln, aber letztendlich auch wieder glücklicher sein. Und soviel ich bisher verstanden habe, ist das der Sinn des Lebens.

EPILOG

»Wer ständig glücklich sein möchte, muss sich oft verändern.«

KONFUZIUS

Während ich die letzten Zeilen dieses Buches schreibe, sitze ich in einer einfachen Holzhütte etwa zwei Stunden von meinem Wohnort entfernt. Ein ebenso verschwiegenes wie idyllisches Plätzchen im tschechischen Kaiserwald, außerhalb der Mobilfunknetze und fern von jeglichem Durchgangsverkehr. Lustig knackt der Holzofen und hüllt mich in wohlige Wärme. Es geht auf Weihnachten zu, die ersten Fröste haben sich bereits eingeschlichen. Der kleine Waldsee, der direkt vor der Hütte liegt, ist schon zugefroren. Auf der anderen Seite habe ich heute Morgen am Ufer ein paar Rehe in den Wald huschen sehen. Es könnte ein Platz mitten in Kanada sein.

Die Tage sind schon wieder sehr kurz geworden, und wenn ich nachts mit den beiden Hunden vor die Tür gehe und sie mit meiner Kopflampe anleuchte, strahlen ihre Augen durch die Dunkelheit. Sie spielen auf der zugefrorenen Wiese, kabbeln sich um ihre kleine Rangordnung und erinnern mich dabei unwillkürlich an die Wölfe, die unseren Hunden doch so ähnlich sind. Casey und Shelley erzählten uns eine ganz andere Geschichte, als mir die aus meinen Kindheitstagen mitgeschleppten Märchen vom bösen Wolf weismachen wollten. Seit der direkten Erfahrung mit diesen Tieren ist die Angst aus dem Wiegenbette wie weggeblasen.

In den Wochen, die ich in der kleinen Hütte in Tschechien verbringe, werden all die Menschen unserer Reise und ihre Geschichten wieder lebendig. Ich schaue mir die Fotos an, erinnere mich an sie und die Sehnsucht nach Freiheit, die in jedem von ihnen steckt. Ich denke an Ray, den wir nie mehr wiedergesehen haben und der jetzt sicher irgendwo auf der Straße in den Tag hinein lebt. Meine Gedanken sind bei Morgan, der bereits all seine Träume erfüllen konnte und dessen Geschichte in seinem Einsiedlerleben ihre Erfüllung fand. Ich denke natürlich an Mike, der meine Angst vor Bären zwar nicht heilen, mir aber zumindest mehr Verständnis für diese kraftvollen Tiere vermitteln konnte. Und natürlich kreisen meine Gedanken um Gord, Jason, Stan, Earl und all die besonderen Menschen, die wir entlang unseres Weges kennenlernen durften. Jeder hat auf seine Art geholfen, die Sehnsucht nach Wildnis zu stillen, die uns nach Kanada gezogen hat.

Ganz besonders oft bin ich in Gedanken auch bei Wolfgang und Holly, die es geschafft haben, den negativen Seiten des modernen Lebens zu entkommen, ohne

LINKS | Am Ufer der Beringsee mit Blick auf das scheinbar unendliche Blau frage ich mich, ob es das Ziel im Leben ist, irgendwo anzukommen. Ich jedenfalls bin noch nicht am Ziel. Ankommen ist schön, doch Weiterziehen scheint der wahre Antrieb meines Lebens.

UNTEN | Der Bart ist mein Reisebegleiter – bei den niedrigen Temperaturen in Kanada und Alaska hat das nicht zu unterschätzende Vorteile.

dafür wie Morgan den Totalausstieg zu wählen. Am 13. Dezember 2015 trat Wolfgang Hebel übrigens sein letztes großes Abenteuer an. Er starb nach einem Schlaganfall in Fairbanks im Kreise seiner Familie. Seine Geschichten bleiben jedoch lebendig. Sie werden hinausgetragen von den wenigen Menschen, die sich entlang des Yukon nach Ruby verirrt haben, und von seinem Buch, in dem er seine ganz persönliche Suche nach Freiheit beschreibt.

Driftwood Holly hat inzwischen seine neue Platte, *Aura Borealis*, aufgenommen. Sie wurde ein voller Erfolg. Er tourt ab und zu durch Deutschland, aber die meiste Zeit sitzt er in seinem Blockhaus am Yukon und schreibt seine Lieder, die von einem Leben in der Wildnis, von der Liebe, von Freundschaft und natürlich von Sehnsucht erzählen. Lieder, wie sie das Leben schreibt. Holly und seine Musik sind zu einem festen Teil unserer Yukon-Geschichte geworden, und längst verbindet mich mit diesem wunderbaren Zeitgenossen eine tiefe Freundschaft.

Als wir das Ziel unserer Reise erreicht hatten, machten wir unser Floß Rainboweagle an der letzten Insel fest, bevor die offene See beginnt. Ich nahm Ramona in den Arm. Wortlos setzten wir uns auf einen Baumstamm, den wohl einer der hier so häufig tobenden Stürme angespült hatte. Unser Blick schweifte hinaus aufs Meer, und jeder hing seinen eigenen Gedanken nach. Wir waren von der Tatsache überwältigt, endlich angekommen zu sein. Doch haben wir auch das gefunden, weswegen wir aufgebrochen sind? Wir wollten Erlebnisse und Erfahrungen sammeln, die uns einen Weg heraus aus der modernen Zivilisation und ihren manchmal erdrückenden Erwartungen weisen. Das geografische Ziel dieser abenteuerlichen Reise, die Beringsee, haben wir zwar erreicht, aber das innere Ziel noch lange nicht.

Alles ist permanent in Bewegung und verändert sich in jeder Sekunde – diese grundlegende Wahrheit hat uns der gewaltige Yukon immer wieder vor Augen geführt. In mir kommt die Frage auf, ob es im Leben überhaupt darum geht, irgendwo anzukommen. Denn was kommt danach? Angekommen zu sein am Ziel seiner Träume bedeutet in Folge Stillstand. Doch nichts in und um uns herum wird jemals stillstehen. Starre Ziele scheinen nicht der Punkt zu sein, auf den man seinen Fokus richten sollte. Eher schon geht es darum, im Leben weiterzukommen. Ich werde versuchen, diese Erkenntnis in Zukunft umzusetzen. Denn sicherlich habe ich bei dieser Reise viele Erfahrungen gesammelt, die mich weiter begleiten werden. Meine Sehnsucht nach Wildnis mag daher vorerst gestillt sein, doch das bedeutet keineswegs das Ende meiner Abenteuer. Veränderung vollzieht sich nicht en bloc, sondern stetig.

Wir alle haben uns auf dieser Reise verändert, die Reise hat uns verändert. Ramona hat für sich festgestellt, wie wenig es im Leben zum Glücklichsein bedarf, und darüber ein großes Stück zurück zu sich selbst gefunden. Patrick fuhr mit dem Wissen zurück, dass er in der Natur zu Hause ist. Heute lebt er in einem kleinen Haus im Wald, abseits der Menschenmassen. Und ich spüre, dass ich noch lange nicht am Ziel meiner Träume bin. Ankommen ist zwar schön, doch weiterziehen – das ist mein Leben.

– Ende –

Unser Dank geht an alle, die uns einen tiefen Einblick in ihr Leben gewährten und deren Geschichten uns zu diesem Buch inspiriert haben.

Ramona Goldstein: S. 2–3, S. 4–5, S. 6, S. 12, S. 14–15, S. 16-17, S. 19, S. 20–21, S. 23-26, S. 28–35, S. 37–41, S. 43–64, S. 65, S. 66–70, S. 73, S. 74 unten, S. 75, S. 76 unten, S. 77–79, S. 81–89, S. 91, S. 94–95, S. 97–99, S. 101–107, S. 109–112, S. 114–117, S. 118 unten, S. 120–125, S. 126 unten, S. 128–133, S. 134–138, S. 141, S. 144, S. 157, S. 160, S. 164–165, S. 167, S. 169, S. 171–172, S. 173 unten, S. 174–176, S. 179–184, S. 186 unten, S. 187, S. 188 oben/Mitte, S. 189–191, S. 192–201, S. 202 oben, S. 203–211, S. 212 unten, S. 214–217, S. 219, S. 222, S. 226–228, S. 230–231, S. 236, S. 239

Mario Goldstein: S. 4–5, S. 10–11, S. 13, S. 14, S. 18, S. 27, S. 35, S. 42, S. 65, S. 71–72, S. 74 oben, S. 76 oben, S. 80, S. 90, S. 93, S. 96, S. 108, S. 113, S. 118 oben, S. 126 oben, S. 133, S. 141, S. 144, S. 147–154, S. 161 Mitte, S. 170, S. 173 oben, S. 177–178, S. 185, S. 186 oben, S. 188 unten, S. 202 unten, S. 212 oben, S. 218, S. 220, S. 225, S. 229, S. 233-235, S. 236

Patrick Schilbach: Titelbild, S. 9, S. 100, S. 139–143, S. 144, S. 155–156, S. 161, S. 163, S. 166, S. 168, S. 177, S. 191, S. 223–224, S. 237

Christoph Bausch: S. 158–159, S. 162 | Kirsten Lorenz: S. 119 | René Goldstein: S. 7

Deutsche Originalausgabe

Ein Unternehmen der La Martinière Groupe

Projektleitung: Susanne Caesar, Knesebeck Verlag
Gestaltung und Herstellung: Leonore Höfer, Knesebeck Verlag
Redaktionelle Beratung: Markus Schneider, Plauen
Kartografie: Kinglike GmbH, Plauen
Lektorat: Dr. Claudia Caesar, Bad Vilbel
Lithografie: Reproline Mediateam, Unterföhring
Druck & Bindung: PNB Print Ltd
Printed in Latvia

ISBN 978-3-95728-051-0

www.knesebeck-verlag.de

MIX
Papier aus verantwortungsvollen Quellen
FSC® C084698
FSC www.fsc.org

ALASKA
(Vereinigte Staaten)
ARKTISCHER OZEAN
62°46'31"N
164°31'36"W
64°44'28"N
155°29'19"W
64°56'16"N
154°38'03"W
64°19'46"N
158°43'26"W
65°52'44"N
149°43'14"W
DAWSON
63°37'35"N
139°45'18"W
63°57'30"N
139°41'07"W
62°21'30"N
136°27'11"W
NUNAVUT
NORTHWEST
TERRITORIEN
YUKON
PAZIFISCHER OZEAN
BRITISH
COLUMBIA
SASKATCHEWAN
ALBERTA
51°24'47"N
117°0'35"W
N
ne
E
se
S
sw
W
nw